Dönüş Noktası

Michael LAITMAN

ISBN: 978-1-77228-085-2

© Laitman Kabbalah Publishers

YAZAR: Michael LAITMAN

www.kabala.info.tr

KAPAK: Laitman Kabbalah Publishers

BASIM TARİHİ: 2023

İçindekiler

Ayrılmak İstememek! 5

Yeni Bir Meslek: İnsan 8

Sevgi Diye Sandığımız Şey Maskelenmiş Egoizmdir 11

Sevginin Tatlı Hissiyatı 13

Dünyayı Kadınların Gözlerinden Görmek 15

Gerçek Nerede? Doğada 18

Öfke ve Nefret Benim Yardımcılarımdır 20

Bugün Başkalarını Batırmayın ki Yarın da Onlar Sizi Batırmasın 22

"Biz Kültürü" Depresyona olan Genetik Eğilimi Dengeliyor .. 27

Geçiş Dönemine Dair İşaretler 29

İnternet Nesli: Gençler Sanal Hayatlarını Gerçek Dünyaya Tercih Ediyorlar 31

Küresel Çevrede Eğitim 33

Farklılıklarımızın Üzerinde Karşılıklı Sorumluluk 34

Dışarıda Yalan ya da İçeride Gerçek 36

Kendi Kendine Yetmekten, Bir Alanda Uzmanlaşmaya 39

Düşüncenin Gizli Gücü 42

İyi Söz Ağaç Parçasına da İyi Gelir 44

Çiftler 45

Doğa Bizden Ne Talep Ediyor? 49

Krizler Eğitim Üzerindeki Harcamaları Kamçılıyor 50

Dönüş Noktası 51

Yalnız İnsanlar, Bize Katılın! 53

Kapitalizm Kontrol Dışı 56

Her Kişi İçin Doğru Çevre 58

İnsanlar Çocuklarının Daha İyi Olacağına İnanmıyor 61

Kendini Kime Verirsin? 62

Japonya'ya Ne Olacak? 64

Mutluluk Ekonomisi 66

Erkeklerin Doğası 68

Bana Sevgi Niteliğini Ödünç Ver 70

Kadın Doğasının Belirli Nitelikleri 75

Doğumun Sevindirici Sancıları 79

Duygusal Seviyede İlişki Kur 83

Sokaktaki Olay 87

İki Sistem Arasındaki Tutarsızlık 89

Kadınların Eleştirisi 91

Yetişkinleri Yeniden Eğitmek 92

Ortak Bir His, Akıl ve Kalp 94

Çekici Olmayan Fakat Sevimli Kişi 96

İş Yaşamın Merkezi midir? 97

Egoizm Kırmızı Çizgiye Dayandı 100

Genç Nüfusun İşsizliğini Zaptedebilmek 101

Okul Toplumun Yozlaşmasının Göstergesidir 103

Sahip Olunmaya Değen Meslek 105

İyilik İle Kıyafetlendirilmiş Kötülük 106

Ahlak Üzerine Düşünceler 110

Dünya'nın Tek Şansı 112

Lokal Kişi Başı Gayri Safi Yurt İçi Hasıla (GSYH) Yaşam Standardını Yansıtmamaktadır 115

Geçiş Süreci Ve Moda 117

Geçiş Döneminde Yaşanan Zorluklar 119

Öğrencilerler Bir "Kafeste" 124

Dünyaya Bir Çözüm Vermek 127

Ne Kadar Dengedeyiz? 128

Yeni Dünya'nın ABC'si 132

Gelecek Toplumunun Amacı 135

Herkesi Kalbinize Alın 136

Umut, Eğitimdedir 137

Bugünün Temel Gerçeği 138

Gizlilik Bizi İnsan Yapar 139

Gerileten Değil Fakat İlerleten Güçler 141

Stresin Yeni Bir Türü: İşten Bıkkınlık 142

Aynı Gemide Yolculuk Kolay Değil 144

Birleşmek İçin Dürtü 146

Farklılığın Koruyucu Duvarını Kırmak 148

Suç Tanrıları 150

Avrupa: Entegrasyona Doğru 152

Fırfırsız Yaşam 153

Sıfırdan Sonsuzluğa 155

Tüm Farklılıkların Üzerindeki Bağ 156

CNN Şili Kanalındaki Söyleşi 158

Ayrılmak İstememek!

Doğanın, bizi bir bütün olarak etkileyen ve bizi onunla dengeye getirmek isteyen tek Kanun olduğunu çalışıyoruz. Sonra, bir olacak şekilde birleşince, içinde yaşadığımız dünyayı anlamaya başlayacağız.

Birbirimize karşı iyi tutum aracılığıyla bu bağı elde edebiliriz. Onu istemesek de, "alışkanlık ikinci doğa olur" kuralını kullanarak, oyun aracılığıyla elde etmeliyiz. Bunu nasıl başarabiliriz? Bunun, bizi saran çevreye, insan toplumuna uygulanması gerekir.

Her kişi, topluma göre belirli bir konuma sahiptir. Ve kişiyle toplum arasında öyle bir ilişkiler sistemi yapılandırmamız gerekiyor ki, herkes topluma karşı kendini zorunlu hisseder, toplumun iyiliği ona bağlıdır ve onun iyiliği de topluma bağlıdır.

Bunu başarmak için, egomuz tarafından yönlendirilerek geliştirdiğimiz insan ilişkileri biçimini ve "kendi bencil ihtiyaçlarına göre herkese" olanın özünü yeniden düzenlememiz gerekir. Dolayısıyla, bugün bu prensip işlemiyor ve hâlihazırda devam eden kriz, genel ve integral bir durum.

Bu nedenle, hepimizin birbirine bağlı olduğu gerçeğine dayanarak, insanların çevreleriyle olan ilişkilerine dair yeni bir biçim yaratmamız gerekiyor. Eğer çevre, kişinin iyi bir tutumu olmasını talep ediyorsa, kişiye doğru davranışın örneklerini vermeli, bir annenin çocuğunu yetiştirirken yaptığı gibi.

Bizi saran toplum, her birimiz üzerindeki etkisini tamamen değiştirmeli. Ve esas olarak, bu medya ve eğitim sistemi hakkındadır. Bunların derhal yeniden düzenlenmesi, aramızdaki ilişkilerin ve aynı zamanda çevreye olan ilişkimizin değişmesi gerektiğine dair bir hissiyatı herkese vermek üzere değişmesi gerekir. Nihayetinde, çevre bir tür kuluçka makinesidir, orada doğru şekilde gelişiriz. Isı, nem ve oksijen seviyeleri, bu parametrelerin hepsi kuluçka makinesinde, sağlıklı tavukların çabucak ve rahat koşullarda yumurtadan çıkmaları için en iyi değerlere göre ayarlanır.

Kendi etrafımızda böylesi güzel bir "sera", içinde rahat, sıcak ve memnun olacağımız bir çevre inşa etmeliyiz ki, böylece oradan ayrılmak istemeyelim. Annesinin rahminde tam bir güvenlik içinde büyüyen bir bebek gibi, orada her şey onun normal gelişimi için yaratılmıştır. Bu şekilde biz de herkesin içinde düzgün ve rahat şekilde gelişeceği çevremizi inşa etmeliyiz.

Kendi yararımıza ve herkesin yararına (her kişi diğer tüm insanları düşünür) olan böyle bir çevre inşa ederek, insan sonunda büyük ailesini oluşturur; kardeş oluruz.

Yeni Bir Meslek: İnsan

Doğaya, bizi tek bir bütün olmak üzere birbirine bağlanmaya zorlayan o tek kanuna olan yaklaşımımız, çevre içinde açığa çıkar. Bu yüzden, çevreye karşı olan yaklaşımımız, onu bu kanun üzerine yapılandırmak, Doğanın kendisine karşı olan yaklaşımdan daha önemlidir. Esas mesele kişinin çevresini inşa etmesidir.

Binlerce ve milyonlarca insanın işlerini bırakmaya mecbur edilmeleri ve işsiz olmaları boşuna değildir; öğretmenler, eğitmenler ve yöneticiler için kurslar açmamız gerekir. Aslında, bu çalışmada, her birimiz bir öğretmen, bir eğitmen ve diğerlerine ilişkin olarak bir yardımcıyız. Dolayısıyla, herkes bu öğrenme sürecinden geçecek ve yeni bir "meslek" edinecek, yani yeni bir toplumda bir "İnsan" olacak. Her birimiz, Doğada ne olduğunu, içimizde ne olduğunu ve birbirimizle ne tür ilişkiler inşa edebileceğimizi anlayabilir olacağımız bir seviyeye yükselmeliyiz.

Araştırmaya göre, eğer kişi kendini karşılıklı etkinin olduğu bir çevrede bulursa, kaçamaz. Bu onu zorlar, onu sarar ve farkında olmadan ya da olarak kişi değişir. Çevrenin çocuklarımızı sadece örneklerle nasıl yetiştirdiğini görüyoruz. Çevre bizi eğitir ve yaşamlarımızda yeni davranış ve ilişki biçimleri, yeni değerler sistemi ediniriz.

Bu yüzden, arzularımızı hesaba katmıyoruz bile, ister yemek, seks, aile, para, güç, bilgi için olan arzular olsun, ister binlerce başka şey için. Bu arzuları nasıl kullanacağımıza değil, onların yönüne bakmalıyız (ve en önemli olan da budur!). Diğer bir deyişle, tüm arzularımda "ben"imi kullanmadaki niyetim, en önemli olan tek şeydir. Tüm becerilerimin kullanımını toplumun faydasına olacak şekilde dönüştürmeliyim ve o zaman "ben", "biz"e dönüşecek. Ve bireylerin toplanması gibi olan "biz" kavramından, "Bir" kavramına ulaşacağız. Ve bu "Bir" zaten dengededir, bizi idare eden tek Kanunla birlik içindedir.

Sonra, kişi İnsan olur ve kendi doğasını ve genel Doğayı anlamaya başlar. Bu yolda, birçok içsel kanun, psikoloji ve evren kurallarını çalışır ve doğada var olan her şeyi içine alır, doğanın en üst seviyesine ulaşır, bizi etkileyen o tek gücün seviyesine ve bugün kriz olarak algıladığımız form içinde, O'na yaklaşmamız için bizi davet eder. Bu kurs, kişiye nasıl İnsan olunacağını, en iyi, en güvenli, en rahat ve sağlıklı duruma nasıl ulaşılacağını öğretmek üzere tasarlandı. Dolayısıyla, bizi yeni bir döneme, iyilik dolu bir dünyaya doğru yönelten bu durum için şükran duymalıyız.

Ancak bugün, henüz bu sürece başlamadık ve henüz onun farkında değiliz; yaşamlarımız anlamsız görünüyor; çocuklarımızı ve torunlarımızı neyin beklediğinden korkuyoruz. Dolayısıyla insanlar çocuk doğurmak istemiyorlar ve hatta bu dünyadaki yerlerini anlamıyorlar. Fakat her şey tamamen bunun zıddıdır! "Kriz" kelimesi tam anlamıyla, yeni bir doğum demektir, yeni bir insanlığın eşiği. En büyük umutlarımız, onları gerçekleştirmemiz için önümüzde bekliyor.

Bu tek kanunu idrak etmeye başlamalıyız ve çok kısa bir süre içinde, birkaç hafta içinde, onun ne kadar çalıştığını, nasıl "alışkanlık ikinci doğa haline gelir" olduğunu, birbirimize karşı iyi bir tutum göstermeden nasıl yaşayamayacağımızı hissedeceğiz. Ve eğer şans eseri bunu unutursak, birlikteyken, bir olmuşken, herkes diğerlerini hissederken, birbirimize hatırlatmalıyız: Bu ne kadar da sıcak ve arzulanan bir durum ki oraya tekrar dönmek istiyoruz.

Ümit edelim ki bizim karşılıklı desteğimiz sayesinde, bize sevginin iyi doğasını edinmemiz için bir oyunun, bir alışkanlığın yardım ettiği bu duruma gelebilir olalım.

Sevgi Diye Sandığımız Şey Maskelenmiş Egoizmdir

Soru: Niçin 'başkalarını sevmenin' ne olduğunu bilmediğimizi veya anlamadığımızı söylüyorsunuz?

Cevap: İnsanlar genellikle "sevginin" cinsellik, bir çocuğun bakımı, hasta veya muhtaçlara yardım gibi şeylere bağlı olduğunu sanıyorlar. Şimdi bu nosyonu gerçekten anlamanın zamanıdır ki şimdiki patlak veren krizin nedeni olarak. Bu kriz, sevginin ne olduğu ve sevgi eksikliğinin ne anlama geldiğini realize etmemizi sağlamak için var. Bu durum gerçekte krizin özüdür.

Finans, endüstri ve diğer alanlarda gerçekleşen her şeyin tek amacı, gerçek sevginin aslında ne olduğunu bize göstermek içindir. Sonra biz diğer her şeyi bu nosyonla kıyaslayabilecek ve şimdi bizim tek niteliğimizin egoizm olduğunu realize edeceğiz.

İnsanlar, "Kötülüğün İfşası" olarak adlandırılan bu süreci çekmek zorunda kalacaklar. Aslında zaten başkalarını sevdiklerini düşündükleri şeyin, onların şimdiki sevgi anlayışlarının kötü olduğunu görmek zorunda kalacaklar. İnsanlar sonra realize edeceklerdir ki eğer birbirlerine bu yolla davranmaya devam ederlerse, herkes bireysel ve kolektif olarak kötü hissedeceklerdir. Kişisel olarak iyi hissedebilirim fakat başkalarını sevmediğim sürece hala kötü bir koşuldayım.

"Başkalarını sevmenin" gerçekte ne olduğunu tanımlamak zorundayız, zıttı ve nefretiyle birlikte. Çünkü "Işık karanlığın üstünde bir üstünlüğe sahiptir." Başkalarından nefret ettiğimizi ancak kendimizi sevdiğimizi kabul etmediğimiz sürece sevgi tarafına geçmeyi beceremeyeceğiz. Bu ilk aşamadır ve insanlık şimdi buna doğru yaklaşmaya başlıyor.

İnsanlar şimdi, "evet birbirimizi yeterince sevmediğimiz olasıdır" diye düşünüyor ve bu konuda hem fikirler. Ancak aramızda egemen olan nefretin henüz farkına varmaya başlamadılar.

Sevginin Tatlı Hissiyatı

Soru: Tatmin olmayı amaç edinmek yerine arzuyu, yani gerekliliği amaç edinmek gerektiğini söylemiştiniz. Bir arzuyu istemek ne demek? Arzunun kendisinden tatmin olmak ne demek?

Cevap: Genç bir adam sokakta yürüyor ve adeta mutlulukla parlıyor. Neden? Bir kızı seviyor. Söyleyin bana, bu sevgiden eline ne geçiyor? Bu hissiyat onu neden bu kadar çok tatmin ediyor? Aldığı şey ne? Almıyor fakat ihsan etmeye hazır. Onunla bir olmayı istiyor, onu sevmeyi istiyor. Yetişkinler arasındaki aşktan, cinsel ilişkiden bahsetmiyorum. Burada bundan çok daha yüce, üst seviyede bir hissiyattan bahsediyorum (her ne kadar bu da aynı şekilde alma üzerine kurulu bir hissiyat olsa da).

Bir insanı seviyorsun ve onun hoşuna gidecek bir şey yapmak istiyorsun. Onun mutlu olmasını istiyorsun ve onunla bir olmayı arzuluyorsun.

Hayvanların bile deneyimlediği hormonsal çekimin ötesinde, ondan bir şeyler öğrenebilmemiz için bize böylesine muazzam bir hissiyat verildi. Sonuçta hiçbir şey boşuna yaratılmadı. Bu biyolojik organizmamızda, proteinden oluşan bedenimizin içinde, komşumuz için bu tür bir hissiyattan – kişinin bir başkası için duyduğu sevgi – doğan böylesine bir arzunun mevcut olmasının nedeni budur.

Peki bu beni neden tatmin ediyor? Hissiyatlar bizi dolduruyor, tatmin ediyor. Sevgi, almak yerine, ihsan etmenin içinde var olduğum gerçeği ile doldurulmuştur. Eğer beni seven birinden bir şey alırsam, o zaman bu sadece Işığa karşılık vermem için beni uyandırmak içindir. Fakat işin özünde, eğer ki sevgi benim içimde yaşıyorsa, o zaman ondan hiçbir şey almaksızın sevdiğim insana yalnızca ihsan etmekten haz duyarım.

Bu, doğanın bir kanunudur ve bununla ilgili yapılacak bir şey yoktur.

Dünyayı Kadınların Gözlerinden Görmek

On binlerce yıldan bugüne kadar, kaderin istemiyle **geliştik ve gerçekte çok az şey elde ettik.** Psikoloji – insan, onun doğası ve iç dünyası hakkındaki bilim, sadece yüz yıl kadar vardır. Onun varlığından önce, davranışlarımızı araştırmanın gerekli olduğunu düşünmedik ve hayvanlar gibi şans eseri geliştik. Sadece şimdi, insanlar, toplum ve çevre hakkında bilgiye ihtiyaç hissediyoruz; çevreyi nasıl yaratacağız ve hayatımızı doğru şekilde nasıl düzenleyeceğiz.

"Beden dışındaki hayat" kavramı, kulağa mistisizm gibi geliyor, fakat onunla hiçbir ilgisi yoktur. Bu, kişinin kendisine dışarıdan bakma becerisini geliştirmesi, dünyayı diğer kişinin gözlerinden görmesi demektir. Böyle yaparak, birbirimizi anlama becerisini ediniriz. Ve bu tam da yapabilir olmamız gereken şeydir.

Erkekler için dünyaya kadınların gözünden bakmak neredeyse imkânsızdır. Fakat hemen hemen herkes bir ailede yaşar ve bir aile yaratmanın gerekliliğini anlar; aksi takdirde, dinazorlar gibi türümüz tükenecek. Çocuk sahibi olmaya ve onları yetiştirmeye zorunluyuz. Dolayısıyla, karşı cinsin psikolojisini anlamak ve sadece nasıl düzgün şekilde yaşanacağını değil, aynı zamanda bu yaşamdan nasıl keyif alınacağını da bilmek önemlidir.

Birbirimize dahil olma durumuyla, dünyanın diğer yarısını buluruz. Biz bu şekilde yapılandırılmışızdır. Ve buna, "beden dışındaki hayat" denir; yani dışarıdan ilave bir algı ediniriz. Bu ana kadar, bedenimin içinde bencilce geliştim ve arzularımı mümkün olan en çok şekilde tatmin etmeye çalıştım ve diğer kişinin bilgisini, düşüncesini ve bakış açılarını mümkün olan en az şekilde dikkate aldım. Bugün, tüm dünyayı içine alan kriz, beni diğer kişinin parçası olmaya ve onun bakış açısını, düşüncesini ve içsel dünyasını kabul etmeye zorluyor. Ve sonra, ben görünürde kendimden çıkarım ve diğer insanların parçası haline gelirim. Böylece, tüm insanlığın arzularını ve düşüncelerini, onun tüm olasılıklarını edinirim. Sanki kendi bedenimi terk ederim ve tüm realiteyi hissetme becerisini edinirim.

Burada, eski dönem yeni döneme, realitenin tamamen farklı bir algısına yol veriyor. Şimdi, realiteyi kendi dar algımla değil, tüm insanlık tarafından biriktirilmiş kolektif bir his ve anlayış aracılığıyla görme ve hissetme fırsatına sahibim.

Eğer diğer tüm insanlara yakınlaşırsam ve tüm genişliği ve çeşitliliği içinde sunulan bir toplumda yetiştirilirsem, o zaman yaşamı, kendi bireysel olanımdan ziyade, hislerin ve algıların tüm görüntüsünde görme becerisini edinirim. Nihayetinde, artık tüm insanları dâhil ederim ve dünyaya dair paletim çok daha zengin hale gelir.

Gerçek Nerede? Doğada

Düşünce (Mikail P.Barbolin,PhD, Rus Eğitim Akademisi, Yetişkin Eğitimi Enstitüsü): "Ahlak bilim ve hayatın anlamı bugünün en tartışılan konuları haline geldiler. Ancak, genellikle birbirine bağlı olarak görülmüyorlar.

Modern sosyal yaşamda insan ahlâkının gelişimi önemli bir rol oynuyor. Bu dürüst bir yaşama işaret ediyor, fakat kişinin ahlaksal nitelikleri ve içsel ahlâkıyla ilgili hiçbir şey söylemiyor. Şu açıktır ki, hayatın belirli kurallarının, sakıncalı olanın ihlâli söz konusudur, çünkü bir başkasına zarar verebilir.

Fakat bildiğimiz gibi, iyi ve kötü kavramları görecelidir. Başkalarına, kendimize ve sadece insanlara değil, aynı zamanda doğaya 'zarar vermemek' için, takip edilmesi gereken sınır nedir? Bunu dengeleyen ve insan davranışını yönlendiren mekanizma nerededir? Bundan faydalanmak için ne yapmalıyız?"

Benim Yorumum: Öğretmenler, bu dünyadaki muhtemelen en tutucu insanlardır, subay, doktor, koruyucu ve anne arasında bir yerde dururlar. Uzun zamandır okullarımızın durumuyla ilgili mutsuzuz; her şeyden evvel eğer yetişkin eğitimine ihtiyaç varsa, bu demektir ki hayatları boyunca onlara "nasıl öğrenecekleri" öğretilmemiştir.

Fakat bu doğaldır, çünkü tüm plânlarımızda ve eylemlerimizde genel bir krize girdik. Bunun içinde yaşama ve hayatımızı kurma beceriksizliğimizi keşfettiğimizde, egoist arzuların gelişiminin sonunun, neticesi gibi olacaktır.

Öyleyse, hayata karşı ihsan etmeye dayanan yeni bir tavır seçtiğimizde, tüm eğitim sistemini yeniden yapılandırmak zorundayız. Bu hali hazırda bozulmuş olduğundan, sadece alışılmış değil fakat zararlı olan davranışları da, net bir zihniyetle temizlemeli ve doğayla benzer olmaya dayanan, dolayısıyla gerçek ve daimi olacak yeni bir eğitim sistemi yaratmalıyız.

Öfke ve Nefret Benim Yardımcılarımdır

Soru: Olumsuz düşünceler, öfke veya nefret bizler bağ kurmaya başladığımızda içimizde belirir. Bunlar ile beraber doğru şekilde çalışmak nasıl olur?

Cevap: Bizler dünyayı iki parçaya bölmeliyiz: Bana göründüğü şekilde, bencilliğime göre ve gerçekte aslında nasıl olduğu şeklinde. Gerçekte dünya neye benzer?

Bizler ortak arzumuza göre bunu ifşa edersek, bizler dünyanın Işık ile dolu olduğunu ve tamamıyla mükemmel olduğunu görürüz. İçinde düzeltmemiz gereken bir şey yoktur. Başka bir deyişle, bizler sadece kendimizi ıslah etmeliyiz, sadece dünyaya karşı kişisel bakış açımızı, davranış açımızı, kişisel algılamamızı düzeltmeliyiz.

İşte bu nedenle, dünyayı dikkatle bencillik prizması içinden hem bize göründüğü şekil ile ayırmalıyız ve hem de aslında dışımızda var olan bir dünya şeklinde de ayırabilmeliyiz. Basitçe, üstteki Işık tam istirahat durumundadır ve tümüyle ihsan etme ve sevgi şeklinde bir özelliği vardır.

Bu nedenledir ki, bizlerin içimizdeki bu iki hissiyatı ayırt etmeye ihtiyacımız vardır. Bir hissiyat gerçek öfke hissiyatı ve itirazlardır, bunlar bir amaç sebebiyle belirir ve öyle ki bizler onların üzerine yükselelim ve grubu tam ve mükemmel bir şekilde algılayalım; bu grup yani dünyadaki tüm muhteşem dostların içinde bulunduğu ve tamamıyla ıslah edilmiş olan dostlar şeklinde. Ben, yalnız, kendimi bu dostlara dahil etmeliyim ve annenin içerisindeki embriyo misali gibi olmalıyım.

Gerçekte ne söyledikleri ve bana olan etkileri de benim için fark etmez. Bir sebepten dolayı bana bu zorluklar verilmiştir ve böylece ben bu zorlukların içinden geçmeyi başararak ve dostlarımın içinde var olarak onların tamamıyla mükemmel olduklarını zihnimde canlandırır, benimle birlikte tam istirahat halinde, ben de onların içinde var olduğumu hissederim.

Bugün Başkalarını Batırmayın ki Yarın da Onlar Sizi Batırmasın

Ben tüm yaşamımı kendi kendime bakmak ile geçirdim; içsel, içgüdüsel, bilinçle, niyetle ve üzerinde düşünerek. Bu durumda kendi tabiatımı bunun tamamen zıddına nasıl çevirebilirim? Dostumu sevmeyi nasıl öğrenirim? Sonuçta, dostumu sevmem yalnızca onu düşünmem anlamına gelir, tüm bütünümü ona hizmet için ortaya koymam, tüm demek her şekilde anlamında yani yapabileceklerim ve genel anlamda bende varolanlar demektir. Bunu bu derecede yapabilmem için kalan tek şey, tek nokta ihsan etmek, onunla merhametle ilgilenmek ki kendisini mümkün olduğu kadar iyi hissetsin.

Bu nasıl bir anne çocuğuna bakarsa onun gibidir. Doğanın kendisi, anneyi, yorulmadan yavrusuna bakabilmesi için yönetir ve yaşamında ilgilendiği tek şey ve onu memnun eden yalnızca birkaç gramlık yavrusudur. Anne yavrusunu nasıl rahat ettirebilmeli, nasıl yedirmeli, ne zaman altını değiştirmeli ve bütün olarak onun iyi hissedebilmesi için ne yapması gerektiğini yalnızca düşünür. Anne için başka bir ilgi alanı yoktur.

Bizler onu örnek alarak tüm insanlığa da bu şekilde hizmet edebilmek için, aynı bağlılık ile bunu nasıl yapabiliriz? Bu gerçekçi değildir!

Acaba doğa bizim önümüze olması mümkün olamayan şartlar mı çıkarıyor? Peki, bizler neden tamamen zıt bir duruma ulaştık? Bizler niçin tamamen kişisel kendi kaygılarımıza dalıyoruz? Daha da fazlası, hayvanlar da devamlı kendilerine bakmak ile ilgilidirler, insanlar ise, buna ek olarak, diğerlerini kullanarak kazanç sağlamak isterler, güçlerini ve fikirlerini onların üzerinde uygulamak isterler, onları kendi isteklerine göre bükebilmek isterler. Bir insan diğerlerinin üzerinde ise, onlardan yüksek olunca bundan haz alır. Daha da fazlası, eğer onlar kendisinden daha kötü hissederlerse o zaman karşılaştırıldığında onlardan daha avantajlı bir durumda olur. Bir insan devamlı kendisini ve diğerlerini değerlendirir ve karşılaştırır nitekim yalnızca bu şekilde memnuniyet derecesini yapılandırır, artırır.

Eğer bencillik beni bu noktaya yönelttiyse, herkesten yüksek hissetmek istersem ve onlara sadece kendimin üstün olduğunu hissedebilmem için ihtiyacım varsa, bu tabiatımı nasıl değiştirebilirim ve bundan zıt bir duruma dönüştürebilirim? Belki de benim için böyle ütopik bir durumu hayal etmek yani dostumla ilgilenmek ve bundan zevk almak da uğraşmaya değerdir, annenin bebeğine bakması misalinde olduğu gibi. Başkalarını sevmemin aynı annenin yavrusuna hissettiği gibi olduğunu farz edersek ve ben onlar ile devamlı ilgili olursam belki de o zaman bunu kesin şekilde kendimde gerçekleştirebilir miyim?

Aslında bunu başarmak için bir zorlama görmüyorum. Buna beni mecbur eden ne olabilir?

Aslına bakarsanız, insanlık bunu binlerce senedir düşünüp taşındı. Tarih boyunca birçok kitaplar yazıldı ve buna benzer şeyler yerine getirilmeye teşebbüs edildi: Yeni bir çevre inşa etmek, birbiri ile etkileşimde olan organizasyonlar oluşturmak gibi. Yüzlerce sene öncesinde bile, ütopyacı kimseler, dünyanın değişik bölgelerindeki insanlar arasında iyi ve içten ilişkiler oluşturmaya teşebbüste bulundular. Fakat bu niyetleri yerine getirme konusunda başarılı olamadılar.

Gelişme safhalarımızda bizler daha zeki bir hale geliyoruz ve insan doğasını daha da iyi öğreniyoruz. Şimdi anladığımız ise kendi tabiatımızın üzerine yükselemediğimizdir. Belki de bu iyi birşeydir. Belki de bu bize özel birşey verecektir. Fakat böyle bir toplumu inşa etmek imkansızdır: Tabii ki ütopik bir fikir.

İşte bu nedenle bizler, toplumlarımızda kendimizi, dostumuza zararımızın pek fazla dokunmaması için, bizi etkileyen prensiplerimiz ile kısıtlarız. Avukatlar, muhasebeciler, sosyologlar, psikologlar, politikacılar vs. gibi sosyal kuralları normal kılan kimseler vardır. Bizler birbirimiz ile bağ kurarız fakat bu yalnızca hizmet alabilmek içindir. Örneğin belediye şehir ile ilgilidir, çöplerin toplanması, çocuk yuvası gibi servisler, okullar, kültür merkezleri ve bunun gibi. Bizler herkesin ihtiyaçlarını hesaba katmak istiyoruz ve bu durumda tabii ki bağ kurmaya değerdir. Sonuçta, her birey servisler için toplu küçük bir meblağ öder. Bu bizim için açıkça ortadadır çünkü bunlar sayesinde bizler gerçek ve hesap edilebilen bir kar elde ederiz.

Fakat insanların duygular âlemlerindeki davranışlarını ve hislerini değiştirmesi konusuna gelirsek, yani kişi dostuna kendi kalbinden gelen gerçek hisler ile değer verebilse, işte bu bizim pek yapamayacağımız bir şeydir.

İşte burada bizim bugün içinde bulunduğumuz özel kriz durumunu anlayabilme konumuna ulaşırız. Bu çok tuhaf bir krizdir ve özelliği ile aramızdaki ilişkilerle alakalıdır. Tüm daha önceki teşebbüs edilmiş bencilce oluşumlara dayanarak, bizler herkes için daha rahat bir toplum inşa etmeyi aradık, ortak ilgi alanlarımızın muhakemesini şu veya bu şekilde yaparak. Bizler, sayısı artan canı sıkılmış insanların, birbirleri ile çatışmalara ve uzlaştırılamaz zıtlaşmalara sebep olacaklarını düşünüyoruz ve bu ise iç savaşları körükler. Asırlar boyunca fark ettiğimiz şey, birbirimizi bitirmememiz için bencilliğimizin iyice dizginlenmesi gereklidir.

Nitekim bütün bu hesaplamalar "bencilce bir şemsiye" altında inşa edilmişti: Anladık ki tabiatımız böyledir ve bizler birbirimizi belli sınırlar içinde zaptetmeliyiz. Dünyamız bencil yönde titrese de, hala öyle bir mekanizmaya sahip olması gerekir ki tüm ilerleyişlerimizi mahveden bu patlamaları önlesin. İnsanlık bu şekilde Dünya Bankası'nı, Birleşmiş Milletleri'ni ve diğer uluslar arası organizasyonları oluşturdu. İşte bu şekilde daha yakınca iletişime geçilebilirdi ve ilgili alanlarda daha tam hesaplara gelinebilirdi.

Özellikle son asırda birbirimizi dikkate almamız gerektiğini fark ettik. İki dünya savaşında da bizler kimsenin kazanmayacağını gördük. Aksine, herkes sonuç olarak ıstırap çeker ve herkes kendi hesabına oranla birşeyler öder.

İşte bu sebeplerden dolayı insanlık, iletişim yapabileceği kanallarıyla çeşitli topluluklar oluşturmuştur. Hatta Moskova ve Washington'da global bir tehdit oluşması durumunda acil irtibat için "kırmızı düğmeler" vardır. Böyle bir şekilde belli bir güven boyutu burada vardır çünkü dahil olan tüm tarafların oluşabilecek bu zıtlaşmalardan, karşılıklı dayanışma olmadan, karlı ve pak bir şekilde çıkılmayacağı bilinir. Nitekim başka bir alternatif olmadığını fark ederek, belli bir temel korunarak, bizler şimdi etkileşim ve iletişim kurabiliriz.

Bir yandan bu hala bir bencilce yaklaşımdır fakat diğer yandan ise olayların bu şekilde dönüşümü bizlerin birbirine yakınlaşmasını sağlar. Bizler artar şekilde birbirimizden nefret etsek ve diğerlerini öldürmek istesek de, ortada belirginleşen şey: Diğerlerinin de bizler kadar kuvvetli olduğu ve bu sebeple birbirimizi dikkate almamızın değeri ve önemidir.

"Biz Kültürü" Depresyona olan Genetik Eğilimi Dengeliyor

Görüş: (Joan Chiao, Psikoloji Assistan Profesörü Northwestern Üniversitesi Weinberg Sanat ve Bilim Koleji): "Northwestern Üniversitesindeki yeni bir çalışmaya göre, depresyona olan genetik eğilimin topluluk bilinç merkezli bir kültürde gerçekleşmesi, bireysel değerleri olan bir kültüre göre daha az muhtemeldir"

"Gelişmekte olan kültürel nörobilim alanından gelmekte olan bu çalışma, zihinsel sağlığa, sosyal gruplar ve uluslar arasında global bir bakış atmaktadır."

Joan Chiao: "A.B.D. ve Batı Avrupa gibi yüksek bireysellik kültüründen olan kişilerin uyum yerine tek olmaya, anlaşma yerine ifade etmeye ve kendilerini eşsiz ya da gruptan farklı olarak tarif etmeye daha çok değer vermeleri muhtemeldir" dedi.

Chiao: "Bunun karşısında, ortaklık kültüründen olan kişilerin bireysellik yerine, sosyal uyuma değer vermeleri daha muhtemeldir. Bireysel kültürdeki kişilere göre, onların grup bağlılığını ve dayanışmasını arttıran davranışları uygun bulmaları daha muhtemeldir." dedi.

Chiao: "Ortaklık kültürleri, genetik olarak depresyona eğilimli bireylere sosyal desteğin sözlü olmayan ya da belirgin bir beklentisini verebilirler. "Bu tarz bir destek öyle görünüyor ki savunmasız bireylere, depresif olayları tetikleyen çevresel risklere ya da stres kaynaklarına tampon sağlamaktadır." dedi.

Değerlendirmem: Şüphesiz ki, birleşme sürecinde, iyi ve kötü grupta dağıtılmıştır; daha fazlası, kötü karşılıklı olarak çıkartılır ve iyi karşılıklı olarak eklenir. Bu doğanın kanunudur, çünkü birleşme doğal egoizme karşı gerçekleşir. Bu doğanın temel prensiplerinden biri olarak bilinir.

Bu yüzden, kişilerin birleşmesinin, hem özel hem umumi tüm problemleri çözdüğü savunulur, bireyi ve toplumu bir sonraki gelişimden kaynaklanan basamağa yükseltir. Bunun nedeni birleşmenin ileriye sonsuz sevgiye olan niteliklerin benzerliğine davet etmesidir ve böylece onun etkisi altında birleşenleri getirir.

Geçiş Dönemine Dair İşaretler

Soru: Siz bir bireyi doğanın bedeninin içindeki bir kanser hücresine benzettiniz. Bu ne kadar zaman önce gerçekleşti?

Cevap: Bencilliğimiz yavaş yavaş aşama kaydederek gelişiminde bazı kademelere doğru ilerledi. Milattan önce 5.yüzyılda başlayarak Milattan sonra 5. yüzyıla kadar insanlık kendi emelini zenginlik edinme yönünde geliştirdi. 15. Yüzyıldan 20. yüzyıl sonuna doğru ise gelişim bilgi edinme emeli yönünde gerçekleşti. Bunlar hâkim olan eğilimlerdi.

20. yüzyılın başında Vernadsky adındaki bir akademisyen, gelişimimizi biten ve yok olmaya ilerleyen küre veya doğa ile dengede olan şeklinde tanımlamıştır. Daha sonra bu fikir birçok farklı bilim adamı tarafından da benimsenmiştir. Bu araştırma iyi bilinen Roma Kulübü tarafından devam ettirilmiş ve daha sonra başka dallar ortaya çıkmıştır.

Esas itibarıyla bencillik gelişimini 1960'larda gençler arasında yeni kültürün doğuşu ile tamamlamıştı: Yaşamdan kopuş, "Beatles nesli", hippiler vs. gibi. Bu içsel bir sorgulamanın başlangıcı idi, boşluk hissi içindeydiler ve devamlı ileriye doğru gayret etmek hissi içinde değillerdi ayrıca da bu çabayı harcamanın önemli olduğunu da düşünmüyorlardı.

Bizler isteklerimizin devamlı bizi yönlendirmesi sonucu gelişiyoruz. Sonuçta, kişi bir arzudur. Servet, şöhret ve bilgi isteklerimiz bitince ne yapacağımızı bilemiyoruz ve bizler bu isteklerimiz karşılanınca da tam tatmin olamadığımızı görüyoruz.

İşte bu genel depresyonun açığa çıkışıdır. Toplumlarımızda gördüklerimiz ise şunlar: İntihar oranının artışı, ailelerin dağılması, aileden kopmuş ve davranış bozukluğu yaşayan çocuklar vs.. Bu çabucak gerçekleşmesi gereken bir geçiş dönemidir. Bizler ciddi bir hız kazanan gelişimin tam ortasındayız.

İnternet Nesli: Gençler Sanal Hayatlarını Gerçek Dünyaya Tercih Ediyorlar

"**Daily Mail**" **Haberlerinden:** *"Çocukların online hayatlarında gerçekte olandan genelde daha mutlu olduklarına dair bir araştırma yayımlandı.*

"Kim olmak istiyorlarsa tamamen o olabileceklerini söylüyorlar ve herhangi bir şey artık eğlenceli olmadığında da çok basitçe iptal tuşuna basabiliyorlar.

"Çocukların yaklaşık yüzde 47'si online durumdayken, normal hayatlarında yaptıklarından daha farklı davrandıklarını söylediler ve birçoğunun iddiasına göre bu onların daha güçlü ve güvende hissetmelerini sağlıyor."

"[Psikoterapist Peter Bradley:] "Bu tespitler çocukların siber uzayı, gerçek dünyadan ayrılabilecekleri, muhtemelen gerçek hayatta göstermeyecekleri davranışlarını ve kişiliklerinin parçalarını keşfettikleri bir yer olarak gördüklerini akla getiriyor" dedi. Siber dünyalara gerçek topluluklardan daha mutlu yerler olmalarına izin veremeyiz, aksi takdirde genç insanlardan kurulu toplumumuzda yeterince işlemeyen bir nesil oluşturmuş olacağız."

"Gençler tarafından online iken alınan risklerin sayısından alarma geçtik" şeklinde konuştu. "Güvenli online davranış, okullarda öğretildi, fakat gençlerin bu riskleri kendilerine ilişkilendiremedikleri görünüyor."

Yorumum: Gelişim durdurulamaz ve bu yüzden sadece, kişiyi düzelterek siber uzayı yararlı hale getirebiliriz. Herşey bütünsel yetişme içinde yatıyor.

Genel olarak, insanlık sanal âleme geçiş içerisinde. İnsanlık, fiziksel duyularımızın taşıyıcılarından, enerji ve bilgiden uzaklaşıyor ve güç ve niteliklerin uzayına giriyor. Madde yavaş yavaş, hislerimizde bir illüzyon olarak ortadan kaybolana kadar sertliğini kaybedecek.

Küresel Çevrede Eğitim

Dr. L. Kotlanikova'nın Görüşü: Modern Eğitim'in süreci yeni bir evrensel toplumun oluşumuyla müşterek olacak, adil ve insancıl bir toplumun. Bu yeni eğitimin amacı, eğitimi yenilemek, herkesin bir diğerini ve dünyayı anlamasını sağlamak, dünyanın kargaşa dolu durumundan birliğine doğru yönelmesi için.

Eğitim bu aralıksız süreci çevirmeli ve bu eğitim "Evrensel İnsanın" kendisini, çevresini ve bu çevre içindeki yaşamını anlamasına olanak tanımalıdır.

Buradaki asıl sorun eğitimin gelecek yakın zamanda şu sorunu çözümlemesi gerekecek. Sorun: "Nasıl beraber olabiliriz"i öğrenmek.

Dr. Laitman'ın: Dünyadaki birçok eğitimci modern bilgilerin ve eğitimin sorunlarını anlıyorlar.

Bizler bu kişilerle, kendi eğitim metodumuzu iyileştirirken yapmış olduğumuz tartışmalarda ilişki kurmak zorundayız.

Farklılıklarımızın Üzerinde Karşılıklı Sorumluluk

Kötü olmadan iyi yoktur ve iyi olmadan da kötü yoktur. Sadece ikisi dengede olduğunda, ikisi arasında yaşam hissi ve saadet büyür. Bunu her "yaratı"da görürüz. Müzikte bile, minör ve majör birbiri olmadan devam etmez. Notaların kesiştiği noktalarda müzik, her akordaki dirençle sürekli titreşir, ahenksizlik ve ahenk birlikte var olur. Armoni, uyumsuz sesler arasındaki doğru ilişkidir.

Hatta evde bile, eğer iki zıddı bir araya getirmezseniz, bir anlaşmaya ulaşamazsınız. Aile içi huzura nasıl erişebilirsiniz? Nihayetinde, barış bütünlüktür, orta çizgidir, iki karşıt şeyden oluşur. Onlar yavaş yavaş büyürler ve aralarındaki karşıtlık da daha güçlenir. Onları geçersiz kılmazsınız, aksine, onları birbirine bağlarsınız, onları birlikte yukarıya taşırsınız.

Bu karşılıklı sorumluluktur: Farklılıklara rağmen, bizi birbirimize bağlayacak ortak üst gücü ararız. Sadece o gücü çağırmayı, onu çekmeyi isteriz ki böylece o bizim aramızda olur.

Aslında "O", gelecekteki "Biz"dir. Şu an birbirimize doğru şekilde davranamıyoruz. Dolayısıyla, o karşılıklı ihsan etme gücünün bizde kıyafetlenmesini, bizim içimizde uyandırılmasını istiyoruz.

Dışarıda Yalan ya da İçeride Gerçek

Soru: Neden internet iletişim ağı Facebook bu kadar inanılmaz derecede popüler?

Cevap: Egomuz sadece nicelik olarak değil aynı zamanda nitelik olarak da gelişiyor. Eskiden bir kişi çevresinde balığa birlikte gidebileceği, bara uğrayabileceği, kart oynayabileceği, köpek gezdirebileceği ve bunun gibi aynı ilgi alanında olan beş ya da on arkadaşa sahip olmaktan tatmin olurken, bugün bu artık onu tatmin etmiyor.

Kişi diğerleriyle köpekler ya da balıklar yoluyla tanışmak değil de -ki bu dünyevi ilgi alanları ve coğrafik yakınlık üzerine kurulu olmayandır- yerine kendini en iyi ifade edebileceği bir yer olan içsel benzerlikler arıyor.

Kişi, hatta yalan söyleyebileceği bir iletişim yolu arıyor. Fakat gerçekte, bu şekilde davranarak, kişi kendini aslında daha çok ifade eder. Ne de olsa, yalan söylediğimizde içsel gerçekliğimizi ifşa ederiz! Bu yalan ne olmak isteyip de olamadığımızı gösterir.

Bu Facebook'un kurulmuş olduğu prensip ile çok paraleldir: Kişi sadece göstermek istediğini gösterir, "en iyi resimlerini". Fakat bu kişinin içsel dünyasını yansıtır. İşin doğrusu, kişi açgözlü, tutarsız korkak ya da ilkel olabilir ama egoistik doğalarından dolayı kendilerini ideal görünüşleri ile takdim edeceklerdir. Bir başka deyişle, kişi kendi gözüyle hak ettiği daha derinde, içsel, çekici şeklini gösterir.

Böylece, bunu, bir yanda kendimin kim olduğunu bilerek (kendim olarak görmesem de) fakat diğerlerine kendimi daha çekici bir maske ile takdim ederek, takip eder.

Bazen de diğer yol etraftadır: Olduğumdan daha kötü görünmek isterim, sert adamı oynayarak ve kendimi savaşçı Don Kişot olarak tasvir ederek. Hala, bu resmin gerçek olandan daha iyi ya da daha kötü olduğunun bir önemi yoktur çünkü bu yalan sonunda kişiye özünün ne olduğunu gösterir ve kişi kendi kötü yanını tanımış olur.

Kişi bir soru ile yüz yüze gelir: Internet'te kendimi gösterdiğim resimle karşılaştırdığımda ben neyim? Ne de olsa herkes beni internette tasvir ettiğim gibi görüyor, fakat ben kendimin diğerlerine boyadığım kişiden uzak olduğumun farkına varmaya başlıyorum. Bu, kişileri, kendi kötülüklerinin farkına varmaya, değişime olan ihtiyaca ve diğerlerinin görmelerini istediği imaja daha yakın olmaya getirir.

Eğer sizinle fiziksel kontakta değilsem ve beni görmüyorsanız, size olmak istediğim gibi görünebilirim: yeni bir ben, ideal içselliğim, dünyeviliğimle hiçbir alakası olmayan. Ve bu imaj daha otantiktir.

Bu yüzden, sanal iletişimden olan gelişimimiz, bize manevi iletişim, ruhsal değişim yolunda rehberlik edecektir. Bu yüzden Facebook ve diğer iletişim ağlarının gelişmelerinden ve büyüyen popülaritelerini duymaktan dolayı çok mutluyum.

Bu sosyal ağlarda ciddi araştırmalar yapan psikologlar ve sosyologlar olduğundan eminim. Unutulmamalıdır ki bu, tüm insanlık üzerinde yayılan bir global fenomendir.

Kendi Kendine Yetmekten, Bir Alanda Uzmanlaşmaya

Her geçen gün çok komplike ve birbirine bağımlı bir dünyada yaşadığımızı daha da çok hissediyoruz. Bu sebeple, hepimizi etkileyen, bizi birbirimize bağlayan bir kuraldan bahsediyoruz. Bu kural karşılıklı garanti (ortak sorumluluk) diye adlandırılır. İlk bakışta sanki bu kural daha çok devletlerle ve büyük şirketlerle alakalıymış gibi gözüküyor. Fakat acaba bu kural sokaktaki adamın da uyması gereken bir şey mi? Öyle olduğu sonucu ortaya çıkıyor ve yıldan yıla bu gerçeği daha keskin bir şekilde hissediyoruz. Örneğin; eğer ki Amerika ya da Avrupa'da bulunan bankalarda herhangi bir aksaklık yaşanıyorsa, bunun sonuçları tüm ülkelerde hissediliyor ve özellikle de Çin gibi ürettiği her şeyi dışarıya satan ülkelerde daha da fazla. Dolayısıyla bu durum dünyanın yarısını etkiliyor. Diğer bir deyişle, ticari, ekonomik ve finansal bakımdan birbirimize o kadar derinlemesine bağlandık ki, bu tip şeyleri varoluşumuzu tehlikeye sokan şeyler olarak algılıyoruz. Gerçekten de bunlar gıda, elbise, ev ısıtması için tedarik edilen enerji, uluslararası ilaç firmalarının işleyişi ve daha birçok şeyin mevcudiyetini ve kullanılabilirliğini belirliyor.

Bugün dünyada, tüm ihtiyaçlarını kendi kendine karşılayan tek bir ülke yok. Hâlbuki bundan yüz sene evvel bile ülkeler neredeyse tamamıyla kendi kendilerine yetiyorlardı. Hindistan bir İngiliz kolonisi olduktan sonra her şey değişti. İngilizler kendi ülkelerinde üretmek yerine, Süveyş kanalı üzerinden meyve ve sebzeleri Hindistan'dan ithal etmenin daha kolay olacağına karar verdiklerinde herşey değişti. Bunun yerine kendi sanayilerini geliştirmeye başladılar. Zamanla insanlar bir alanda uzmanlaşmanın farkına varmaya başladılar – herkesin sadece belli bir ürünü ürettiği – ve gidilecek yol buydu.

Tam tersine, geçmişte her bir fabrika herşeyi üretirdi, en küçük bir cıvatadan tutun da tüm bileşenleri de (motor, elektronik kablo donanımı vs.) dahil olmak üzere bütün bir makinenin üretimine kadar. Daha da ötesi, aynı fabrika elektrik üretmek için küçük jeneratörlerden de faydalanırdı. Tüm bu işlemler aynı yerde meydana gelirdi. Fakat daha sonra iş bölümü başladı: bir fabrika cıvata üretiyor, bir diğeri sabitleme vidalarını, bir başkası elektronik bileşenleri vs. Ve bugün her otomobil üreticisi gereçlerini birçok farklı ülkeden tedarik ediyor.

Son yıllarda bu eğilim bir adım daha öteye taşındı. Otomobil endüstrisini kendi ülkelerinde geliştirmek yerine, örneğin Japonya fabrikalarını Avrupa ve Amerika gibi hedef pazarlarda inşa etmeye başladı. Japonya, üretimi uzaktan yönetmeye devam etti; dahası bu fabrikaları direkt yönetmek yerine, bunu hedef pazarlarda işe aldığı kendi temsilcileri aracılığıyla gerçekleştirdi.

Böylelikle her şey o kadar çok birbiriyle karıştı ki artık kimin ne ürettiğini söylemek zor. Bir ülkenin hudutları içinde aslında bir başka ülkeye ait olan benzin istasyonları ve fabrikalar bulunmakta. Farklı ülkelerden insanların sahip oldukları, her birinin kendi hisse payına sahip olduğu firmalar var. Birçok ülkede yabancı yatırımcı bulunmakta ve yerel yönetimler buna karışmıyor. Çünkü bu onlar için avantajlı bir durum. Vatandaşları iş sahibi oluyor ve herkes mutlu. Ve biz her şeyin bu yönde gelişmeye devam edeceğini düşünmüştük...

Düşüncenin Gizli Gücü

İnsanlar arasındaki bağlantı insanların realize ettiklerinden daha güçlü ve daha bağlayıcıdır. Doğaya göre, bu bağlantı, bize aşama aşama ifşa olan tüm bir organizmayı temsil eder.

Tüm doğa birleşiktir, bu artık ortaya çıkmaya başladı. Doğa, Big Bang'in (Büyük Patlama) sonucu olarak tek bir noktadan gelişerek başladı. Algımızda, doğa birçok farklı parçaya bölünür: cansız madde, bitki, hayvan ve insan seviyeleri buna ek olarak, fiziksel, kimyasal, biyolojik, ahlaksal, geleneksel ve diğer kanunlar. Bunların hepsinin bir bütün olduğunu görmüyoruz. Bunların hepsinin ne kadar birbiriyle bağlı ve bağımlı olduğunu, düşüncelerimin ve duygularımın yıldızların patlamalarını ve bu yıldızların patlamalarının bahçemdeki bitkileri nasıl etkilediğini görmüyoruz. Her şeyi görmüyoruz ancak var olmadığı anlamına gelmez.

Doğa küreseldir. Bu gerçeği daha ve daha fazla keşfediyor olmamızın sebebi bizler daha fazla gelişmiş hale geldik. Tüm bunlardan sonra, bugün yaptığım ifşalar dün yapamamış olduğumdu çünkü yeteri derecede gelişmemiştim. Ancak, bu demek değildir ki bu gibi şeyler ve doğada keşfediyor olduğum yeni yaklaşım, doğada zaten var değildiler. Bu benim içimde görünüyor çünkü ben gelişiyorum.

Ben doğanın en aktif gelişen parçasıyım. Bir insan olarak, her şeyden daha fazla ve hızlı gelişirim: bilgimde, edinimlerde, hislerde ve böyle gider. Ve ben geliştiğim zaman, daha büyük ve ayrıntılı algı edinirim.

Amerika keşfedilmeden önce var değimliydi? Vardı! Ya galaksiler ve yıldızlar, bunlar da keşfedilmeden önce var değiller miydi? Her şey vardı, sadece biz göremiyorduk çünkü bizler yeteri derece gelişmemiştik.

Bizler kendi bağımızı ifşa etmeye başlıyoruz. Bu bağlantı hissedemeyeceğimiz seviyelerde mevcut yani beş duyu organım vasıtasıyla algılayamıyorum. Bu bağlantı benim duyularımın ötesinde var olur, aramızdaki bağın bazı düşünceleri ve sistemleri içerisinde ve bu yüzden, düşüncelerim, aksiyonlarım ve duygularım seni etkiliyor.

İyi Söz Ağaç Parçasına da İyi Gelir

Soru: Doğada farklı malzemeler mevcut: Demir, ağaç, taş gibi ve bunlar kesinlikle pasiftirler. Benim algılayışıma göre de hepsi cansız seviyededirler ve arzu ise daha aktif birşey, neden tüm bu malzemeleri arzudan sayıyorsun?

Cevap: Örnek olarak kurşun kalemi alalım. Malzemesi ağaç, ondan yapıldı. Ancak ağaç kendi formunu, yapısındaki atomik bağı muhafaza etmek ister. Onunla birşey yapmayı denediğinde, vermeye çalıştığın değişikliğe karşı koyup direndiğine şahit olacaksın. O'nun bu direncini, formunu koruma arzusu adına gösterdiği direnci kırabilmen için kendinden büyük bir güç katman gerekecek.

Bu malzemenin gücüdür ve farklı parametrelerde ölçüldüğünde onun dış etkenlere olan direnişini ölçmüş oluyoruz. Senden, O'nun niteliğini ve konumunu değiştirebilmen için fazladan bir kuvvet katmanı talep eder. İşte buna malzemenin arzusu denir.

Çiftler

Soru: Peki, dünyamızda erkek ve kadının birbirlerini tamamladıklarını ve bütünselliği yakaladıkları söyleniyor, siz ne diyorsunuz buna?

Cevap: Nerede görüyorsun bütünleşmeyi ve birbirlerini tamamlamayı? Tamamlama ve bütünleşme ancak tarafların kendi doğalarını aşabilmeleri şartına bağlıdır. Her iki taraf da gerçekten ihsan eden olur ve şu anda olduğu gibi kazanan olmaktan vazgeçerse oluşabilir. Oysa günümüzde olduğu şekliyle aynen -devletler arasında olduğu gibi- asgari müştereklerde mutabakata vararak menfaatini koruma birlikteliğinde gerçek tamamlama ve bütünsellik yoktur. Tamam, kötü değil, eşler kendi egolarını farkedip onun üstesinden gelmesi ve birlikteliği koruma adına bir mutabakata varmaları, ancak bu henüz bütünsellik değildir.

Maalesef bu gün ailede sevgi yok ve aslında hiçbir zaman da olmadı. Sevgi geleceğe dönük olan birşeydir ve insanlık buna ulaşacaktır.

Sevgi demek; ben senin tüm arzularını bilip, kabullenip onları tatmin etmem ve senin de benim tüm isteklerimi kabullenerek onları tatmin etmendir. Ve böylece ikimizde ortak arzularda buluşup karşılıklı tatminde bulunuyoruz demektir. Sen benim ve de ben senin oluyorum demektir. Böylelikle artık aramızda bir ayırım bir sınır da kalmış olmuyor. Çift olmanın -evlilik müessesesinin- maneviyatta ve ruhsal tekamülde çok büyük bir katkısı mevcuttur.

Soru: Günlük yaşamımızda çiftler birbirlerini sevmelerine ya da en azından birlikteliklerinden hoşnut olmalarına rağmen aniden fındık kabuğunu doldurmayan bir nedenden ötürü tatsızlıklar ve tartışmalar oluşup gelişiyor. Birbirlerini anlayamıyorlar hatta ne için tartıştıklarını ve tartışma nedenini dahi unutur hale geliyorlar. Peki nedir bu olanlar, hangi sebep, nasıl bir kuvvet onları bu hale getiriyor?

Cevap: Duygularının onlara hükmetmesine izin veriyorlar ve işte bu yasak, olmamalı.

Bizler mükemmel değiliz ve yaşamımızda halletmemiz, düzeltmemiz gereken onlarca niteliklere sahibiz ve buda çok doğaldır. Bunun bilincinde olarak bizi tartışmaya götürecek şeyleri uyandırmamalıyız. Ben şahsen eşimle bir anlaşmaya vardım, birlikte. Aramızda ortak olan konulardan konuşuyor ve bizi anlaşmazlığa sürükleyecek konuları dışımızda tutuyoruz. Her sabah dersten sonra iki saat eşimle beraber olur, yürüyüşler yapar ve aramızda konuşuruz. O bana çocuklarımız ve torunlarımızdan, ben de ona öğrencilerimden, dersten bahsederim.

Yavaş yavaş akıllanıp güçlendikçe ve duygulara hakimiyet arttıkça, konuşulabilecek müşterek konulara bir yenisi daha ilave edilebilecek ve bu böylece tedrici bir şekilde, basamak basamak gelişme gösterecek. Bu şekilde her iki tarafta daha fazla müşterek sağlama adına, ıslah olmamış arzularından bir ölçü daha bu ilişkiye katma çabasında olur.

Konuşabileceğimiz konular olduğu gibi bizim için tabu olan konular da mevcuttur ve onlar hakkında hiç konuşmayız çünkü o konunun bizde ıslah edilmesi gereğinin bilincindeyizdir (burası çok önemlidir) ve aramızdaki iyi ilişkiyi bozmaya gerek yoktur.

Bu gayet insancadır çünkü doğa böyle ve hiçbirimiz mükemmel değiliz.

Soru: Hem kadının eşinden hem de erkeğin eşinden birçok istekleri, beklentileri vardır, fakat bunların arasından, örneğin bir kadının eşinden temelde beklediği, arzuladığı en önemli talep nedir?

Cevap: Gerçekte kadın erkeğinden "Manevi-Tatmin" bekler. Kadın erkeğinden onun tabiatında noksan olanın onun tarafından tamamlanmasını, hissettiği eksikliğin giderilmesini arzular.

Kadın evi temsil eder. Kadın kendine ait olan bir aile hissetmek ister. Çocuklar, eş, ev eğer kadın bunlara sahip ise yaşamını %90 gerçekleştirmiş hisseder kendini. Evi dolduran da erkek olup dolumun oluşturduğu yeni safhalar gelişmeler de çocuklardır.

Soru: Peki, bir erkeğin eşinden beklediği en önemli arzu nedir?

Cevap: Erkek de eşinden "Değer verildiğini" görmek ister, eşinin onu ne kadar değerlendirdiğini hissetmek ister. Ve eğer kadın bunu başarırsa; erkeğinin ne kadar değerli, ne kadar başarılı, güçlü, saygın ve özel olduğunu ona hissettirebilirse artık o erkeğin onun için yapmayacağı hiçbir şey yoktur. Erkek bu konuda çok zayıf olup eşinin desteğine muhtaçtır. Bizim alma arzumuz, ihsan etme arzusundan destek görüyor.

İhsan etmede her şeyi yapma gücü vardır ancak bunu gerçekleştirmek için de alma arzusunun buna destek olması gerek. Dünyamızda da alma arzusunu temsilen kadın erkeğine bu desteği vermediğinde onun ihsan etme niteliği çok güçsüz kalır. Gördüğünüz üzere çiftlerde, kadının kendini var etmesinde erkeğine duyduğu ihtiyaç kadar, erkeğin de kendini var etmesinde kadınına ihtiyacı vardır.

Doğa Bizden Ne Talep Ediyor?

Soru: Dünyamızda, birleşmenin birçok formu var. Doğa bizden ne talep ediyor?

Cevap: Doğa bizim tek kalpli tek adam, bütün, küresel, bütünleşmiş bir sistem, doğaya benzer olmamızı bekliyor.

Birbirimizi hissetmemizi istiyor, herkesin ihtiyaçlarını, düşüncelerde ve arzularda ve herkesin eksikliğini ve isteklerini yerine getirmemizi istiyor. Doğa bizden herkesi kolektif birlik içinde desteklememizi istiyor.

Burada birçok soru var, ancak nihayetinde doğanın bizden istediği bu. Doğa ona benzememizi istiyor: Tek bir olarak. Tüm bunlardan sonra, onun kendisi birleşik bir sistemdir.

Bu sistem içinde bizler herkese rahatsızlık veren ve genel mükemmellikten düşen parça olmamalıyız. Bedeni canlı halde yiyen kanserli tümör olmamalıyız. Kendimizi doğa ile dengeye getirmeliyiz öyle ki onun hızında ıslah olabilelim.

Krizler Eğitim Üzerindeki Harcamaları Kamçılıyor

Euronews'in haberinde yer aldığı üzere: "Tüm dünyada ekonomik krizin eğitim üzerinde olumsuz etkisi var. Kamu harcamaları kamçılanıyor ve okullar bundan kaçınmıyor. Şu an öğrencilerin sokaklarda yer almasıyla beraber hükümetler eğitimi temel bir hak olarak sürdürmeye çabalıyorlar."

Benim Görüşüm: Eğitim sistemi, yetiştirme sistemi ile bağlantılı olmadığından dolayı meyve veremez ve bu olmaksızın krizler toplumun tüm katmanlarında daha derinden hissedilir.

Artık işletmelerin bile çalışanlarını karşılıklı sorumluluk içinde tüm çalışanlarını bir ekipte birleştirmeksizin çalıştırabilmesinin mümkün olmadığı zaman gelecek.

Birleşmenin bir dokuma metodu tüm meslekler içinde her geçen gün daha belirgin hale geliyor. Tüm eylemlerin başarı için gerekli bir şart olacağı, bireyselliğin yanı sıra bir grup olunacağı ve birliğin sağlanacağı bir zaman gelecek ve bu yöndeki eylemler öne çıkacak.

Böylece üst otorite insanlığı eylemlerden önce niyetleri öğrenmeleri için zorlayacak ve buna ulaşmada herkese yol gösterecektir.

Dönüş Noktası

Soru: Grupta kesin bir tartışma olduğu zaman, kişinin yolunda duran farklı direnç mekanizmaları vardır. Bu, zamanımızın çoğunda bu direnç mekanizması ile ilgilenerek meşgul olacağımız anlamına mı geliyor?

Cevap: Hayır. Bence bu burada olmamalı. Hazırlık safhasında, kişi egosu ile çalışmaktan umutsuzluk duygusunu hissetmeye ulaşmalıdır. Kişi bunun içinde bir yaşam olmadığını anlamalıdır.

Şunu anlamalıyız ki, eğer gelişimimin bir sonraki seviyesine, sonraki boyuta, doğa ile uyum seviyesine çıkışa ulaşmak istiyorsam, egoistik gelişimim ile hayal kırıklığına uğramalıyım ve egomu büyütmemeliyim. Aksi takdirde, o basitçe beni öldürecektir. Benim diğerleriyle birleşik olarak iletişim içinde olmama izin vermeyecektir; bana, onunla, doğanın uyumunu hissedebileceğim ve bu boyuta, seviyeye girebileceğim kabı vermeyecektir.

Gelişimin tüm önceki aşamalarındaki egoyu terk etmeliyim. Dönüş noktası, çatallaşma noktası, ayrılma, kriz, bugün üzerlerine gideceklerimiz bizleri gerçekten, egomuzu "kıracağımız" ve aşağıda bırakacağımız gerçeğine yönlendirirler. İnsanlık, büyük bir problem ile yüzleşiyor: Ulaştığımız o çok büyük egoyu hissediyor, onunla hayal kırıklığına uğruyor ve onu terk ediyor çünkü buna mecbur bırakıldık. Bu, "kötülüğün tanınması" safhası olarak adlandırılır. Bunun üzerine gitmeliyiz.

Eğer, zaten insan gelişiminin bir sonraki seviyesini hissetmeye başlamış bir gruptan bahsediyorsak, bunlar egoyu terk etmeye hazır kişiler olmalıdırlar. Şunu anlamalıdırlar ki, tamamen içsel olarak değişmelidirler, tıpkı bir bilgisayara yeni bir programa sahip bir disk koymak gibi, eski programı silmek ve tamamen yeni bir program yüklemek. Baştan "çalıştırılmaya", tamamen "yükseltilmeye" hazırım. Bunun için hazırım, çünkü kötülüğün tanınması seviyesinde, egomun sadece bana zarar verdiğini keşfederim; bunu kötü olarak algılarım.

İnsanlar kötülüğün tanınmasına ulaştıklarında ve egolarının üzerine yükselmeyi denemeye teorik olarak olsa da hemfikir olduklarında, bunu grup içerisinde, onları az da olsa yönlendirecek ve aynı zamanda onlarla birlikte çalışacak iki rehber ile yaparlar. Grup, yavaş yavaş, bu psikolojik "çıkışları"nın nerede, egolarının üzerinde, yeni özgecil psikolojiye, "doğa" olarak adlandırılan seviyeye olduğunu hissetmeye başlarlar.

Yalnız İnsanlar, Bize Katılın!

Haberlerden (BBC Haberler): "Finlandiya'daki bir çalışmaya göre, çalışma yaşında olup yalnız yaşayan insanların depresyon geçirme riskleri aile içinde yaşayanlara oranla %80 artmış durumdadır." Buradaki temel nedenler, hanımların yetersiz durumdaki barınacak ev şartları ve erkekler için sosyal desteğin eksikliği olup, bahsedilen her iki kesim de bu durumdan eşit derecede etkilenir.

Bu çalışmada Finlandiya'da antidepresan kullanan 3500 kişi izlendi.

Bir zihinsel sağlık yardım derneği, yalnız yaşayan insanların kendi problemleri hakkında konuşabileceği, bunları dışarıya aktaracağı ortamların bulunması gerektiğini belirtti.

Çalışmayı yürüten yazarlar son otuz sene içinde bir kişinin yaşadığı evlerin oranının batılı ülkelerde her üç kişiden biri şeklinde A.B.D. ve İngiltere'de arttığına dikkat çekti.

Böyle bir çalışma genelde ortadaki riskleri olduğundan daha az hesaplar çünkü depresyon geçirme riski yüksek olanlar pek böyle bir çalışmaya dahil olmazlar veya çalışmayı tamamlamazlar. Bizler aynı zamanda depresyonun ne kadar alışılagelmiş ve tedavi edilmemiş olduğunu muhakeme edemedik.

Bu çalışmaya göre yalnız yaşamanın, kendini diğer kimselerden uzak tutma hisleri, sosyal bütünleşme eksikliği ve güvensizlik gibi zihinsel sağlık açısından risk oluşturan bağlantısı olabilir.

Beth Murphy, zihinsel sağlık yardım derneği Mind'ın istihbarat başkanı, yalnız yaşayan kimselerin sayısındaki artışın, ulusal zihinsel sağlığında kesin bir şekilde etkisinin olduğunu belirtti.

Bu sebeple yalnız yaşayan insanlara uygun tedavi gerekir, konuşma terapileri, güvenilir ve destek veren ortamların yaratılarak, problemleri tartışarak ve üzerinde çalışarak; sadece antidepresanlara bağlı bırakılmış olmak yerine problemler üzerinde çalışılması gerekir.

Benim Yorumum: İşte bu sebepten dolayı onların bütünsel yetiştirme sınıflarında çalışmaları gerekir-her üyesinin olumlu bağ, yakınlık ve sevgi dalgaları yarattığı özel toplumu kişinin kazanması gerekir. Daha sonra bizler bir araştırma çalışması yönetip onların mutluluk, özgüven, psikolojik ve fiziksel sağlık seviyelerini ne kadar arttırdığımızı ve şuç, intihar oranının ne kadar düşmesini başardığımızı göstermeliyiz.

Bizlerin toplumunda, bizler yalnız olan insanlara uzanmalıyız ve kendi dairelerimiz içinde sıcaklık ve çevre desteği bulacaklarını onlara açıklamalıyız. Evlilik kurumunun yıkılışından niyetlenerek insanlara ilişkilerini farklı bir seviyede inşa etmeleri gerektiğini, ilişkilerin hayvani çekim yerine, karşılıksız ihsan etme ve sevgi üzerine kurulması gerektiğini göstermeliyiz.

Kapitalizm Kontrol Dışı

Görüş: (Steen Jakobsen, Saxo Bank Baş Ekonomist): "Geçen sene boyunca 16 farklı ülkeye seyahat ettim. Hepsi birbirinden çok farklı, farklı başlangıç noktalarla, sistemlerle ve kültürlerle ancak hepsi eşitsizliğin aynı nakaratını paylaşıyorlar. 2008'deki finansal krizin başlamasından itibaren gerçek kaybedenlerin orta sınıf olduğunun farkına vardım.

"Uzmanlar kapitalizme şahit olduğumuzu ve serbest pazarın kontrolden çıktığını bilmenizi sağlayacaklar. Nerede? Kapitalistik kurallara göre işleyen sadece tek bir pazar yoktur.

"Bu kriz zamanında ana politika yanıtı olarak satın alma zamanı geride kalır. Ancak bu çözüm sürmeyecektir, sosyal eşitsizliği daha keskin hale getirecektir. Gelir kaynağı ve zenginlik eşitliği, sermaye ve çalışmak için eşit bir haktır. Şu anda sermayeye serbest erişimi olan kuruluşlar sadece üstüne aşırı yüklenilmiş bankalar ve hükümetlerdir.

"Ne tuhaftır ki, uzmanlar mevcut krizi, kapitalizmin kontrolden çıkması olarak seslendirmektedirler. Bizlerin şu anda hükümetlerin ve politikacıların kontrolden çıktıklarına şahit olduğumuza dair bu konuda tartışabilirim.

"Eğitime, güvenli serbest pazarlara yatırım yapmalıyız, rekabet ve uzun dönemli eğitim maaş ve çalışma saatleri üzerine üç taraflı anlaşmalar. Daha fazla eşitlik için yol budur."

Benim Yorumum: Çözüm hatalıdır – artık daha fazla iş görmeyen egoistik kapitalizm modeli üzerine kurulu bir çözüm bu. Bizim şunlara yatırım yapmamız gereklidir.

1. Tüm insanlar için uygun, tek seviye refaha ulaşmak,

2. Zorunlu, bütünsel eğitim ve yetiştirmeyi tanıtmak.

Bu iki önlem de krizi eleyecektir çünkü bunlar, doğayı ve etrafındaki dünyayı yok eden insanlar arasındaki uyuşmazlıkları ortadan kaldıracaklardır; bizleri değiştirecekler ve bizler de yeni bir refah ve denge ekonomisini nasıl yaratacağımızı anlayacağız.

Her Kişi İçin Doğru Çevre

Eğer tüm kanıtlar insanın, çevresinin sonucu olduğunu gösteriyorsa, bundan çıkan sonuç şudur ki, tüm insanlık için iyi ve doğru bir topluma dair her çeşit modeli düzenlemek, kritik öneme sahiptir. Bu şekilde her kişi, eğilimlerine ve kişiliğine bağlı olarak veya dostlarının ve ailesinin önerilerini izleyerek, her zaman böyle bir toplumla bağ kurma, mümkün olan en etkin şekilde kendini geliştirme ve gerçekten kusursuz bir insan olma fırsatına sahip olacaktır. Dolayısıyla, bizim eğitimimizde, insanların birleşmesi için böyle gruplar ve diğer fırsatlar oluşturmaya da odaklanmalıyız.

Eğer bu konuyu daha fazla incelemeye devam edersek, kişinin, kendi içsel niteliklerinin etkisiyle, doğduğu genlerle, erken yaşlarda anne babasının evinde ve sonra toplumun etkisiyle edindiği çeşitli eğilimlerle oluştuğunu görürüz.

Dolayısıyla, çocuk yuvaları ve küçük çocuklar için çeşitli çevreler, sonra da okullar ve daha büyük çocuklar için çevreler üzerine odaklanmalıyız. Her kişinin, kendi potansiyelini açığa çıkarması ve çok yönlü bir birey olarak gelişmesi için, geniş bir fırsatlar yelpazesine sahip olmasını sağlamalıyız.

Bir bireyin özellikle güçlü olacak ve gelecek vaat edecek gibi görümeyen nitelikleri bile bir şekilde geliştirilmelidir, çünkü bu onun içsel dünyasını zenginleştirecektir, ona müziği, edebiyatı, tiyatroyu, sanatı ve kültürü takdir etmeyi öğretmenin onu zenginleştireceği gibi: Tüm bunlar aynı zamanda kişinin çevresine de bağlıdır.

İnsanlar, aile sahibi olmalılar ve çocuk yetiştirmeliler; eşine karşı, dostlarına karşı, yabancılar arasında ve işte nasıl doğru şekilde davranacağını öğrenmeli. Uygulanabilir örneklerle, kişiye nasıl davranacağını ve kelimenin tam anlamıyla nasıl bir insan olacağını öğretmeliyiz ki, toplum tarafından takdir edilen biri olsun ve karşılığında kendi başına başarıya ve bolluğa ulaşmasına imkân olsun.

Bu amaçla, beni her dakika hedefleyen ve düzelten sadece iki faktör vardır: Benim kendi doğal niteliklerim ve çevrenin onlar üzerindeki etkisi. Benim becerim, beni sürekli doğru yönde geliştirecek ve daha büyük bir emniyet, güven ve rahatlık hissi veren, iyi ve ileri düzeydeki durumlara beni yaklaştıracak çevreyi seçmemde yatar. Biz bu şekilde gelişmeye devam ederiz.

Bundan, önümüzde bulunan görevi anlamamız gerekir, çocuklarımızın iyi bir hayatı olacağından ve bir sonraki neslin daha iyi durumda ve geleceğine güvenir olacağından emin olmak için ne yapmamız gerekiyor.

Bu ancak biz eğer çocuklarımızı bu tür öğretmenlerle çevrelemeyi ve onların iyi niteliklerini güçlendirmek ve olumsuz niteliklerini bastırmadan olumluya çevirmek üzere onları etkileyecek türden bir çevreyi yaratmayı becerirsek olabilir.

İnsanlar Çocuklarının Daha İyi Olacağına İnanmıyor

Alıntı (Dünya Ekonomi Formu): Finansal kriz insanoğlunu ruhen olumsuz yönde etkilemeye devam ediyor. Onlar krizin yalnızlığı ve milliyetçiliği yükseltip toplumsal bir şok oluşturacağını düşünüyorlar. Bu durum insanlık tarafından elde edilen tüm ilerleyişe zarar verebilir.

Tüm nesiller boyunca ilk defa insanlar çocuklarının kendilerinden daha iyi yaşam süreceklerine inanmıyorlar. Büyük bir güven ve cesur fikirlerin kaynağı olan edindikleri egoizmin düzeyine rağmen bu endişe çoğunlukla sanayileşmiş ülkelerde ortaya çıkıyor.

Bu zor zamanların bizi yokladığı dönemde hayal kırıklıkları daha da büyüyor ve devlet ile yurttaşlar arasındaki toplumsal anlaşmayı tehdit ediyor. Hükümetler ve yurttaşlar genel durumun (ruh halinin) daha da düşeceğine ve ortaya çıkacak risklere yararlı çözümler bulmaya hazır olmalılar.

Yorumum: Bu durum daha da büyüyerek ilerleyecek! Çünkü genel krize yönelik (ekonomik, eğitim, aile, uyuşturucu, sağlık gibi krizler) evrensel sorumluluğun edinilmesinden başka bir çözüm yok! Bunu sadece hükümetlerin yönetebileceği (düzenleyeceği) integral eğitimin yardımıyla edinebiliriz.

Kendini Kime Verirsin?

Bizim tüm değişim sürecimiz çevre aracılığıyladır. Eğer hiçbir çevre olmasaydı, bendeki izlenimlere rağmen ben gelişemezdim. Görüyoruz ki, eğer çocuklar bir ormana bırakılır ve ancak bir süre sonra bulunursa, ormanda onlara bakan hayvanlar gibi gelişirler. O hayvanların özelliklerine göre gelişirler, onlarla aynı hastalıklardan acı çekerler, hayvanlarla aynı şeyleri yapmayı isterler ve düşünürler ve hatta hayvanlarla aynı yaşam süresi kadar yaşarlar.

Bu demektir ki, bedenleri, hayvanlardan etkilendikleri ölçüde onlarla yaşamaya alışmıştır, öyle ki eğer çocuk 6 veya 9 yaşlarında bulunduysa (ki böyle birkaç vaka olmuştur), o zaman daha sonra yaşadıkları iyi koşullara ve bakıma rağmen, beraber yaşadıkları hayvanlarla aynı seneler süresince yaşadılar. En fazla 12-20 sene yaşadılar.

Diğer bir deyişle, bedenimiz, içinde geliştiğimiz topluma çok bağlıdır ve bu anlamda kişi çok esnektir. Eğer yıllarca insanlarla yaşayan bir köpeği veya kediyi örnek olarak alırsak, onlar insanlara sadece biraz alışmışlardır. Tabii ki, vahşi köpekler ve kediler gibi ormanda yaşayamazlar, çünkü onların farklı bir karakteri vardır. Ayrıca, insana ve çevreye dair yavrularına farklı bir yaklaşım geçirirler. Yine de o kadar esnek değildirler. Diğer yandan ise insan, belirli bir çevreye dahil olduğunda, o çevreden çok güçlü şekilde etkilenir, hatta ölümcül olacak ölçüde. İnsanlarla yaşamaya alışmış bir hayvanla kıyaslandığında, insan çok daha güçlü olarak etkilenir ve hayvanların yaşamlarına alışmış hale gelir.

Bu demektir ki, hepimiz çevremize bağlıyız. Dolayısıyla, eğitimde de, kişinin gelişimini belirleyen unsur olarak önce çevreye dikkat etmeliyiz. Kişinin tüm geleceği buna bağlıdır. Eğer çevreyi değiştirirsek, kişiliğimizi, arzumuzu, bakış açımızı ve yaşam paradigmamızı değiştiririz. Bu yüzden, girdiğimiz yeri, zamanımızı geçirdiğimiz dostları, sosyal çevreleri ve kendimizi kime verdiğimizi düşünmek, kontrol etmek ve bu konuda dikkatli olmak çok önemlidir.

Kişiye, onu neyin çevrelediğini bilmeyi ve öğrenmeyi öğretmeliyiz ve çevreye ne kadar bağımlı olduğunu, çevre sayesinde hayatını nasıl idare edebileceğini ona açıklamalıyız.

Japonya'ya Ne Olacak?

Bir Görüş (Takeshi Fujumaki, milyarder yatırımcı George Soros'ın eski danışmanı)

Dün yapılan bir röportajda Tokyo'da bulunan bir yatırım danışmanlığı şirketinin başkanı olan Takeshi Fujumaki, "Japonya, önümüzdeki beş yıl içerisinde muhtemelen Avrupa'dan önce yükümlülüklerini yerine getiremeyecek" dedi. Fujumaki, Japonların, ABD, Avustralya ve Kanada Doları, İsviçre Frangı ve Sterlin cinsi döviz ürünlerini saklamaları gerektiğini belirtti.

Fujumaki'ye göre Japon hükümeti yükümlülüklerini yerine getirmediği takdirde Yen, Dolar karşısında 450-500 Yen civarı zayıflayabilir ve 10 yıllık gösterge tahvillerinin getirileri üzerinde yüzde seksenden fazla dalgalanma olabilir.

"Uluslar arası Para Fonu (İMF)'un gösterdiğine göre 1984'te yüzde 67.3 olan Japon halkının borçları 2014 yılında dünyanın en büyük borçlu toplumu olacak şekilde yüzde 245,6'ya fırlayacak...

"Japonya krizinden kaçış yok" diyen Fujumaki, Japonya için kalan tek seçeneğin bir başka yükümlülükten kaçınma veya hiper enflasyona sebep olacak para basmak olduğunu ekledi.

Görüşüm: Bunun nedeninin yöneticilerin hiper egoizmi olduğunu anlarsak, düşmanlıktan kardeşliğe doğru bir dünya toplumuna dönüşmeye başlarsak ve gerçekçi bir yaklaşımla aşırı tüketim ekonomisinin altyapısını makul bir tüketim ekonomisine aktarmayı başlatırsak her ülke ve tüm dünya için krizden bir çıkış yolu mevcut. Aksi takdirde kriz bizi tüm altyapısıyla bir imhanın eşiğine getirecektir.

Mutluluk Ekonomisi

İnsanları bir şekilde değiştirmek zorundayız ve çok ilginç bir fenomenle karşı karşıyayız: Doğa, bizi ölçüsüz bir tüketim toplumundan, ahenk ve denge içinde mantıklı bir tüketim toplumuna doğru değişmeye zorluyor çünkü doğanın temel yasası olarak dengenin yasasını korumak suretiyle eşit şekilde tükettiğimizde ve biri diğerine ve doğaya verdiğinde, insanların çok büyük çoğunluğu çalışmaktan kurtulmuş olacak.

Bu şu demek ki; krizin yardımıyla, şimdiden şekil almaya başlayan geleceğin toplumu kademeli olarak çok daha az çalışmak biçiminde sonuçlanacak. Günde on saat çalışmak zorunda kalmayacaklar. Zamanımızın kullanımına karşı hatalı tutumumuz, insanlar arasında yeni ilişkiler yaratmak suretiyle değişmelidir. Bu gerçekten de uzun bir zaman alacaktır.

Biz bu konu üzerinde çalışıyoruz ve çalışmaktan bağımsız olacak yüz milyonlarca insan için bir sonuca ulaşıyoruz (açıkça onlar için hiç iş olmayacak) ve büyük bir dünya üniversite kurmamız lazım. Bu insanlara doğaya ve diğerlerine karşı bütünleyici bir düşünceye gelmelerini öğretmek zorundayız.

Müşterek bir dayanışmaya giden doğru bütünleyici düşünce her şeyin herkese yeteceği kitleleri özgür kılacak.

Tüm tahminlerimize ve datalarımıza göre, dünyada yoksun kalacağımız hiçbir şey yok. Sorun şu ki insan açgözlülüğü ve egosu yüzünden hakça paylaşımda bulunamıyor.

Eğer tüm işsizleri toplar ve insanların integral eğitim alacağı bir üniversite, sınıflar kulüpler oluşturursak, memnun, dengeli, artık çok fazla tatmin peşinde koşmayan ve gerçekten mutlu hissedecek tümüyle farklı bir toplum yaratacağız.

Geçen birkaç yıla bakarak anlaşılıyor ki, her şeyin paranın miktarıyla değil ama insanın hayatı nasıl hissettiği ile ölçüldüğü "Mutluluk Ekonomisi" geliştiriliyor. Bu duruma gelmemiz temel prensiptir.

Burada yapay hiçbir şey yok. Yaşam bizi, toplumda yer alan ve onları nasıl dengeleyeceğimizle ilgili tüm süreçleri çalışmaya zorluyor. Bu, doğanın bizi ittiği şeydir.

Erkeklerin Doğası

Soru: Erkeklerin, kadınların arzusuna ihtiyacı olmadan amaca gelemeyecekleri seminerlerde hissedilmedi. Bu, nedendir?

Cevap: Bir adamın bir şeye olan ihtiyacını hissetmesi için, onun bu ihtiyaç ve arzu olmadan amaca ulaşamayacağını farketmesi gerekir. Bu, onların henüz bu duruma ulaşmadıklarını ifade etmektedir.

Farzet ki, ben bir şey yapmayı deniyorum ve görüyorum ki işe yaramıyor. Kaçırdığım şey nedir? Ah, başka bir araca ihtiyacım var ve bununla çalışmaya başlarım ve başka bir araçtan mahrum olduğumu görürüm. Yani çabama göre, kendimi amaca ulaşmamış olarak görüyorum ve buna ulaşmak için yollar arıyorum.

Daha sonra, açık bir şekilde kuvvetli bir destek eksikliğini görürüm. Bu güçlü destek kesinlikle olmalıdır! Kabalistik kaynaklarda yazılan budur ve aynı zamanda bunu gerçek yaşamda da görürüz. Erkeklerin kendilerince biraz temelsiz gururları vardır. Onlar kendi doğaları yüzünden kadınlara olan bağımlılıklarını unuturlar. Bu, adamın doğasıdır.

Ancak ilerleme sonucu, onlar kendilerinin ne kadar zayıf olduğunu farketmeye başlar. Daha sonra da kadınların destek ihtiyacını kuvvetli bir şekilde hissederler.

Bu bir zayıflık değildir, bu sadece bizim doğamızdır; bizler doğru birleşmeyle birbirimize bağlı olduğumuzda, ortak amacı hep birlikte ediniriz.

Bu arada eminim ki birçok erkeğin bu hissiyatı var. Ben onlarda bunu görüyorum. Onlar bunu gerçekten hissediyorlar.

Bana Sevgi Niteliğini Ödünç Ver

Soru: Bu integral birleşme modeli güzel ve de aşağı yukarı belli. Ancak bunun uygulamada gerçekleşmesi için kişi ne yapmalıdır?

Cevap: Kendimizi bir parça realitemizden ayıralım ve ideal, hatta ütopik bir toplum hayal edelim – ona ne ad verdiğimiz önemli değil. En yüce gerekçelerimizi hesaba katsak nasıl olurdu? Ve bunu hayal ettikten sonra, düşünelim: "Kendi doğamız göz önünde tutulduğunda, bunu başarmak dahi mümkün mü? Neden doğa bizi bu mükemmel ve yüce duruma tam da karşıt yarattı?"

Göreceğiz ki, karşılıklı baskı ve rekabet, kelimenin iyi anlamında bile, bizi mutlak rahatlık durumuna getirmeyecektir. Aksine, gönüllü olan, arzu duyulan ve isteyerek yapılan karşılıklı yardımımız aracılığıyla bu duruma ulaşırız. Şüphesiz ki, eğer insanlık bu şekilde düzenlenmiş olsaydı, gerçekten iyi bir toplum olurduk.

Neden doğa bizi farklı olmak üzere yarattı? Her şeyin birbirine bağlı olduğu ve karşılıklı sorumluluk ve özdenge içinde var olduğu mükemmel sistemi temsil eden de aynı bu doğa değil mi? Neden gerçekten bu yıkıcı egoizme gerek duyuyoruz?

Herkes egoizmi kötü olarak, kaçınılmaz realite olarak kabul eder. Sosyologlar, siyaset bilimcileri ve psikologlar, insan ve toplumla ilgilenen herkes, bir şekilde egoizmin yıkıcı etkisini telafi etmek için, doğamızı dikkate almaya ve ona dayanmaya mecbur olmuştur.

Burası hariç; dünyevi seviyede adet olduğu gibi burada da onu telafi etmek için çalışmaya devam etmemeliyiz. Aksine, egoizmi bizim yardımcımız haline çevirmemiz, onun doğasını tanımamız gerekir.

Diğerlerinin pahasına kendimizi tamamlamayı arzularız, bir annenin çocuğunun aracılığıyla keyif alması gibi. Çocuk onun için bir keyif objesidir. Anne bencildir, çocuktan bir saniye bile ayrılamaz ve bu, onun çocuğu için duyduğu kaygıdan çok, kendisi için duyduğu kaygının göstergesidir - sadece kendini çocuktan ayıramaz. Eğer onun keyif merkezini ondan ayırırsanız, o zaman şüphesiz hemen yeni bir keyif objesine dönecektir çünkü onun kıymetli çocuğu ki doğumdan sonra onun için her şey demekti, birdenbire onun görüş alanından düşecek ve ona karşı kayıtsız hale gelecektir; diğer başka bir çocuğa olduğu gibi.

Bu basit örnekten kişinin egoizminin, bu durumda bir anneninkinin, tamamen başkasına bakıyor, başkasına veriyor ve başkası için özen gösteriyor olmaktan dolayı muazzam bir tamamlanma hissi aldığı görülebilir.

Neden herkesle bu şekilde ilişki kuramaz ve böylece sonsuz tamamlanma hissini deneyimleyemeyiz? Nihayetinde, eğer kendimi başka insanların arzularına, düşüncelerine ve duygularına ayarlarsam, onları kendime bağlarsam ve onlarla sevgiyle ve bağlılıkla ilişki kurarsam, o zaman hiçbir şey ve hiçbir kişi tarafından sınırlanmayan, kocaman ve sonsuz bir memnuniyet olanağını hissetmeye başlarım. Veririm, özen gösteririm, katılımda bulunurum ve böylece tamamlanma hissine ulaşırım.

Bizim için en önemli şey, tamamlanma hissidir. Bu yüzden var oluruz. Hayata dair his, tamamlanma hissidir; her seferinde farklı objeler aracılığıyla, fakat genel olarak onun tamamlanmasıdır. Bu, içimizde tamamen fiziksel, ahlaki ve manevi olan belirli bir gerçeğe ulaşır.

Bu, bazı içsel bilgi akışlarına, akımlara veya kimyasal reaksiyonlara dair bir uyarılma olarak düşünülebilir – tam olarak ne olduğu önemli değildir. Fakat önemli olan şey, bunu tamamlanma hissi olarak algılamamızdır. Bu durumda eksik olan tek şey, birbirimize olan doğru yaklaşımdır; annenin çocuğuna olan sevgisiyle aynı türden bir sevgi.

Bu niteliği nereden bulabiliriz? Eğer, diyelim ki bir benzin istasyonuna geldim ve dedim ki: "Egoizmimi değiş tokuş yapmak istiyorum. Onun yerine bana yüzde on sevgi ver." Beni, çekememezlik, nefret ve kıskançlık nitelikleri yerine sevgi niteliği ile doldururlar ve böylece şimdi herkesle farklı şekilde ilişki kurabilirim. En azından %10'a kadar tamamlanmış ve mutlu olurum.

Zaten, diğerleri benim için önemli bile değildir. Benim için önemli olan, rahata kavuşmak, herkesin içinde bir rekabetçi görmeye son vermek ve nefret, korkular ve endişeler yaşamaya son vermektir. Diğer taraftan, her şey yavaş yavaş sevecen, memnuniyet verici ve dingin bir şeye doğru değişmeye başlar.

Bu durumu hayal bile edemeyiz; belki sadece kendi çocuklarımıza ilişkin olarak edebiliriz. Onlara ilişkin edebilsek bile bu egoist dünyamızda devamlı çocuğun yanında durmalıyız, onu her tür sorun ve tehlikeden korumak üzere tüm dünya ile mücadele etmeliyiz.

Dolayısıyla, etrafımızda olan insanlara karşı yaklaşımımızı değiştirme problemi tamamen psikolojik bir problemdir, psikolojik eğitimin yardımıyla çözülebilir.

Nihayetinde, insan çevresinin ürünüdür. Eğer insanları gerçekten bu yapay çevrede (çünkü bizim doğal çevremiz bencildir) yetiştirirsek ve sürekli onlara doğru amaçları sunarsak (bu arada onların egoizmi sürekli büyüyecektir çünkü doğa tarafından böyle programlanmıştır ve bundan hiçbir kaçış yoktur), o zaman sevgi alanımızı, karşılıklı olma durumumuzu sürekli geliştirmeye zorlanacağız. Sonra "komşunu kendin gibi sev" koşulunun gerçekten insanlığın amacı olduğunu anlamaya başlayacağız.

Kadın Doğasının Belirli Nitelikleri

Soru: İntegral yetiştirme kurslarında erkek ve kadın grupları olduğu için, kadın grubunun doğasını netleştirmek isterim.

Cevap: Kadın, kendini ve dünyayı kendi içinde algılayan çok içine kapanık bir varlıktır. Erkekler arasında etkileşim, destek, dostça çevre ve başkaları için kendini feda etmeye hazır olma durumu varken, kadınlar arasında bu öncelikler var olmaz, doğal olarak. Her dişi, her kadın, dişi olan her şey, kendi başına var olmak, sınırlarını, çocuklarını, evini vs. korumak için tasarlanmıştır.

Bu onların içine doğa tarafından yerleştirilmiştir ve bu yüzden bunu bozmamalıyız. Kadının doğasını kırmaya hiç hakkımız yok; aksine, onu ahenk içinde geliştirmeliyiz ve aynı zamanda kadınları birbirleriyle birleştirmeliyiz. Bunu nasıl başarabilirsiniz?

Bu, kadınlara örnek teşkil eden ve onları erkekler grubunu desteklemeye zorlayan güçlü bir erkekler grubu yaratarak yapılabilir. Erkekler grubu, kadınlar grubunun etkisinin önemini ve kadınların birliği olmadan erkekler grubuna destek olamayacaklarını fark eder. Ve kadınların erkekler grubuyla tanımlayabildiği ve bağ kurabildiği tek zaman, kendi aralarında belli bir dereceye kadar bağ kurduklarında olur.

Kadınlar, ortak dışsal bir amaca sahiplerse, kendilerini organize edebilirler ve farklı kadın organizasyonları gibi var olabilirler. Birleşmek yerine, her kadın dışsal amacı anlamalı ve kendini bu amaçla birleştirmelidir: "Erkeklere 'tutunmanız', onların içinde var olmanız, onları desteklemeniz gerekir, biz kadınların kendi aramızda bunu yapmamız yerine." Kadınlar grubu bu şekilde birleşebilir.

Bu şekilde bu iki integral topluluk birbiriyle etkileşir: Erkekler birlikleri ile kadınları etkiler ve kadınlar birdenbire bunu hissetmeye başlarlar; bu onları çekmeye başlar ve yavaş yavaş bu uğurda etkileşmeye ve birleşmeye başlarlar. Aralarındaki doğal bireyselliği kaybederler.

Kadınlar, erkeklerin birleşmesine yardım etmek adına kendi aralarında birleşebilirler (buna karşılık olarak birliğin gücünü alırlar, bundan "güç almak" için tek yolları budur). Diğer bir deyişle, tamamen doğal bireyselliklerini kaybederler ve kendilerinin üzerine çıkabilirler.

Soru: Bunu pratik olarak nasıl gerçekleştirebilirsiniz?

Cevap: Pratik uygulaması ayrı gruplarda olur, integral yetiştirme metodunu ve buna uygun materyali çalışarak bu grupları hazırlarız ve amaca yöneltiriz. Doğal olarak, kadınlar grubunda çalışırken, kadınlar birbirine dikkat etmezler: Herkes bireysel olarak gelir ve ayrılır. Aralarında arkadaşlar olabilir ama zaman içinde bu da biter, olaylar değişir. Bu kadının doğasıdır.

Bu aslında çok ilginç ve karmaşık bir bireyselliktir, saf biçiminde gerçek özgün doğal egoizmdir ve bunu gözlemlemek iyidir. Diğer bir deyişle, benim "Ben" her zaman içimdedir ve asla başka bir kimsenin yanında değildir. Ve bir başkasının yanında olduğu zaman ise, sadece verili koşulda birbirimize bir şeyle yardım edebildiğimiz veya bir şekilde durumumuzu rahatlattığımız zamandır ve bundan daha fazlası değildir. İnsanlarla uğraşan psikologlar olarak bunu anlıyoruz.

Fakat burada erkekler grubunun etkisinin büyük rolü vardır. Erkekler grubu, birleşerek ve örnek teşkil ederek, bunu birlikte etkileme ihtiyacını kadınlarda harekete geçirir ve sonra kadınlar bu ölçüde birleşirler. Ayrıca, bu onların isteğine ters olarak gerçekleşir. Bunun doğanın kanunu olduğunu görürüz. Diğer bir deyişle, güçlü bir erkek grubu, birliğin bir güç olduğunu kadınlara gösterir ve onların bireysel "Ben" lerinin üzerine çıkmalarına neden olurlar.

Soru: Bu kendini pratikte nasıl ortaya koyar?

Cevap: Birleşmiş bir kadın bütünü olarak hissedebilirler. Erkekler gibi kucaklaşmaya başlayabilirler ki bu tamamıyla onlar için doğal değildir. Kadınlar, erkeklerde birliği harekete geçirmek için birlikte olmaları gerektiğini hissedebilirler, bu sayede aynı zamanda kendileri için de birliğin içsel halini edineceklerdir ki bunu kendi başlarına alamazlar. Onu ne fethedebilirler, ne alabilirler ne de satın alabilirler – onu elde etmenin başka hiçbir yolu yoktur.

Soru: İntegral birlikte kadınların ve erkeklerin biraz farklı rolleri mi var?

Cevap: Bu doğru! Bunlar tamamen farklı rollerdir! Ne erkeklerin ne de kadınların doğasına baskı yapmıyoruz. Birbirleriyle olan etkileşimleri yavaş yavaş onlara birleşmenin değişik formlarını getirir.

Doğumun Sevindirici Sancıları

Birçok işsiz insanın olacağı bir döneme yaklaşıyoruz. Halen dünyada iki yüz milyon işsiz bulunmakta. Gelecek sene süresince, bu sayı daha da felaket boyutlara doğru artacak. Bu insanlar, hem kendileri için hem de bütün toplum ve hükümetler için büyük bir sorun oluşturmaktalar. Zorluklar, depresyondan, olası kanlı devrimlere ve savaşlara kadar uzanıyor.

Bu yüzden organizasyonumuz, integral eğitim fırsatlarını araştırıyor ve işsiz olan insanları eğitmek üzere bir kurs hazırladı. Umuyoruz ki kursumuz onlara, değişen dünyaya kalplerini açmaları için yardımcı olacak. Onlara, arkadaşları ve aileleri içindeki, tüm insan toplumu içindeki, ülkeleri ve çağdaş dünya içindeki kişisel yerlerini daha iyi anlamaları ve hissetmeleri için imkân verecek.

Fazlasıyla inanıyoruz ki, bu tür konuşmalar gerekli ve onlar olmazsa dünya hızla bir felaketin içine girecek. Farz edelim ki ülkelerin hükümetlerini ve ihtiyacı olan tüm dünyayı, bu kursu zorunlu olarak öğretmeye başlamak üzere ikna ettik. Ülkenin birisi, bu projenin pratik faydalarına değer verdiği ve başka bir çıkış yolu görmediği için, bu projeyi onayladı diye düşünelim. Böylece, çalışmak için devlet bursu alan 30-40 kişilik bir işsizler grubu var, ilk grup. İlk toplantımızda onlara, etraflarında olan değişimleri tanımlamalarına yardımcı olmak için ne söyleyeceğim? Hayatlarını anlamalarını ve yeniden kurmalarını onlara nasıl öğreteceğim?

Öncelikle, diyeceğim ki, "Sizinle tanıştığıma çok memnun oldum. Belki işsizlik durumunuzu kötü etkenlerin neden olduğu trajik bir olay olarak görüyorsunuz ve belki bu koşullar sizi zorlamasaydı, öğrenmek için gelmeyecektiniz. Fakat bu durumu, bir krizden ziyade, sevindirici bir durum olarak görmeliyiz."

Hayal edelim ki buraya, deneyimlediğiniz zorluklar aracılığıyla değil, aksine, hepimiz mutlu ve sevindirici bir yeni dünyanın eşiğinde olduğumuz için getirildiniz. Bunun için, özel olarak her birimize ve genel olarak tüm dünyaya ne olduğunu anlamamız ve neden bunun olduğunu kavramamız gerekiyor.

İçinden geçtiğiniz bu durum, yaptığınız bazı talihsiz hataların sonucu mu? Belki de bu sizin önleyemeyeceğiniz normal bir süreç mi? Bazı kaçınılmaz doğa kanunları yüzünden mi bu zorluklardan geçmeniz gerekti? Zaman içinde bizleri büyük sonuçlara götürecek genel bir gelişim eğilimi yüzünden mi meydana geldi?

Durumumuza, "kriz" diyoruz, fakat aslında bu, genel, global, integral bir zorluğun parçasıdır ve ekonomide, eğitimde, kültürde, bilimde, finans sektöründe ve insan hayatının tüm maddesel katmanlarında yer almaktadır. Aslında, "kriz" kelimesinin negatif bir çağrışımı yoktur. Doğuma benzeyen yeni bir evreye işaret eder.

Yaşam tecrübemize dayanarak biliyoruz ki, bir evreden başka bir evreye geçmek zordur çünkü iş değiştirsek de veya yaşamın herhangi bir başka alanını değiştirsek de, konfor alanımızdan ayrılmamız gerekir. Alışkanlıklarımız bize ayak bağı olur. Düzgün bir şekilde çalışarak faaliyette bulunan bir sistemde kalmak, bizim çok fazla çaba göstermemizi gerektirmez; bu bizi mutlu eder çünkü doğal olarak değişime direnç gösteririz.

Egomuz bizi güvenilir ve dengeli bir düzen aramamız için iter. Yeni olan bir şeye geçiş yapmak her zaman sıkıcıdır. Pekala, bunun çok daha memnunluk verici bir gelecek vaat ettiğinden kesinlikle emin olduğumuz ve bu kolayca ulaşılabilir olduğu sürece değil. Fakat eğer zor ve tehlikeli bir geçiş ise ve gelecek belirsiz ve tahmin edilemez ise, o zaman bu trajik bir durumdur.

Dolayısıyla, durumumuzun gerçekten kötü ve trajik olup olmadığını ve büyük sorunların, şiddetli sellerin, depremlerin, tsunamilerin, volkanik patlamaların, ayaklanmaların, devrimci ihtilallerin ve sokaklarda kan dökülmesinin -tam bir kaos- eşiğinde olup olmadığımızı görelim. Yoksa bu sadece yeni bir düzen mi ve şu an bize olan her şey, bizim henüz görmediğimiz bu düzenin doğumu gibi mi? Etrafımızdaki her şeye, insanlığı büyük çabalar sarf etmeye ve yeni bir formun doğumunda olduğu gibi terlemeye zorlayan şeyler olarak bakabilir miyiz? Doğum sürecindeki bir çocuk gibi, biz de zor bir koşuldan geçiyoruz.

Doğumdan önce, çocuk annesinin rahminde, güvenli ve korunaklı yerde, huzurla büyür. Sonra doğum, çok "sıkıcı" bir süreçle tetiklenir. Anne çok büyük bir gerginlik hisseder ve sancılar yaşar. Çocuk da aşırı bir baskı hisseder. Daha fazla birlikte olmaya tahammül edemeyeceklermiş gibi olunca, birbirlerini itmeye başlarlar.

Çocuk, annesinin rahminden çıkması gerektiğini hisseder. Eğer bu durumu duygularımıza aktarırsak, bu çocuğun daha fazla annesinin bedeninde kalmaya tahammülü yok deriz; ne de anne onu içinde tutabilir. Böylesi bir karşılıklı itmenin sonucu olarak, doğum süreci başlatılır ve çocuk, onu sevgiyle karşılayan, harika ve aydınlık bir dünyaya doğar. Böylece, yeni bir hayat edinir ve varoluşunun yeni bir evresine ulaşır.

Birkaç kilo gelen bir et parçası olmak yerine, başka birinin bedeni içinde yaşayan bir yaratık olmayı durdurur ve bir insana dönüşür! Henüz çok küçük olması ve ne olduğunu anlamaması önemli değildir; önemli olan onun yeni bir hayata doğmasıdır. Bu, şu anda bizlere olan duruma çok benzer. Şimdiki durumumuz, yeni bir dünyanın doğum sancılarına benzemektedir.

Duygusal Seviyede İlişki Kur

Soru: Bütünsel eğitim kursundaki psikolojik bölümün amacı, insanlara birbirleriyle ilişki kurmayı, bir diğerini dinlemeyi ve kendi aralarında anlamlı ve derin bir ilişki geliştirmeyi öğretmektir. Bu nasıl yapılabilir?

Cevap: Kişilerarası ilişkilerin ne olduğunu anlamamız gerekir.

Derler ki, eğer ortada bir çocuk yoksa, o bir aile değildir. İnsanlar ne için yaşar? Farz edin ki bugün bir çift birbirinden fiziksel olarak hoşlanıyor, fizyolojik olarak birbirlerinden memnunlar, birlikte rahatlar. Şimdilik rahatlar... Çocuk bir şekilde ortak bir zemindir, onları birbirine bağlayan ortak bir şeydir.

Bir kişi, birisiyle ilişki kurmaya çalıştığı zaman, birbirlerinde ortak olarak neye sahip olduğunu, onları birbirine karşılıklı olarak neyin bağladığını açıkça görmelidir. Bu sadece bir bağlantı noktası değildir, ortak bir duygusal, fizyolojik, fiziksel, sosyal ve kültürel dünyadır, orada sadece birbirine dokunmazlar fakat sanki birbiri üzerine örtüşürler.

Her birey bir "daire"yi temsil eder ve diğer bir kişinin "daire"siyle kesişebildiği ölçü, onların derin ve çok boyutlu bir ilişki kurma becerilerini tanımlar.

İlk olarak ve her şeyden önce, günümüzde anlamalıyız ki, iki kişi arasındaki ilişki, bireysel dairelerin birbirine dokunmadığı şekildedir çünkü onların egoizmi en son haline gelmiştir. Dairem her neyi kapsıyorsa, diğer hiçbir daireye uymaz. Kendimi o kadar özel – bir kişilik, bir egoist – hissederim ki, bir başkasını kendi ilgi alanları ve ihtiyaçları olan bir birey olarak algılayamam. Benim için, başka bir insan sadece bir tüketim nesnesidir. Eğer bu beni ilgilendirirse, onunla ilişkiye girerim, fakat ona bir insan gibi, kendi iç dünyası ve ilgi alanları olan bir birey gibi davranmam. Bir haz kaynağı olan bir tüketici olarak onunla etkileşim içinde olurum, daha başka bir şey değil.

Ve birbirimizle bu şekilde iletişim kurarız. Bu şekilde uygundur: herkesin cep telefonu, bilgisayarı ve e-mail adresi vardır. Onların arkasına saklanırız ve böylece birbirimizden mutlak ayrılığımızı saklarız.

Farklı toplulukların yavaş yavaş kaybolduklarını görüyoruz. Ekranlarımızın arkasına saklanıyoruz, görünürde sosyalleşiyoruz, bu arada kendimiz için davranış ve kurallara dair yeni standartlar icat ediyoruz. Fakat bunların hepsi sanal olarak oluyor, diğer hiçbir daireyle duygusal olarak yan yana olmadan oluyor. Yeni bir dil icat ediyoruz, başka biçimlerin, başka kabukların arkasına saklanıyoruz, kendimizi gerçekte olduğumuzdan tamamen farklı şekilde internet ortamında sunuyoruz, kendi yüzümüz yerine semboller veya farklı isimli işaretler kullanıyoruz. Diğer bir deyişle, insanlar hiçbir koşulda kendilerini açığa çıkarmadan oynuyorlar. Ve egoizm buna eşlik ediyor, kendini iyi ve rahat hissediyor.

Esas görevimiz, insanların ortak bir şeye sahip olup almadıklarını ortaya çıkarmaktır, sadece iki insanınkini değil, herkesinkini. Çünkü doğanın bizi ona doğru ittiği bir bütünsel toplumdan bahsediyoruz, ya acı çekme yoluyla ya da bizim gönüllü farkındalığımız yoluyla, insanlığın bu aydınlık haline doğru yol alır. Hepimizin neyi ortak olarak paylaştığını açığa çıkardığımız için, duygusal seviyede ilişki kurabilir olacağız. Kendimizi birbirimizden saklamayacağız, aksine kendimizi açmaya çalışacağız.

Herkes kendi içsel "ben"ini açığa çıkaracak ve onu dışsal olanın üzerine, bu imajın üzerine, ilk ve son isimlerin üzerine, mesleklerin ve her tür dışsal alışkanlıkların, geleneklerin, dilin ve her şeyin üzerine yerleştirecek. Kişinin duygusal dünyası, onlara doğa tarafından verilen her zamanki fiziksel koşulun üzerine yükselecek. Kişide geliştirmemiz gereken şey budur.

Bunun olması için, insanlara göstermemiz gerekir ki, kendi aramızda birlik olarak, kendi bireysel dairelerimizi üst üste koyarak, tek bir mekanizma olacak şekilde birbirimizle bağlanarak, robotlara dönmeyeceğiz ya da meşhur Rus deyişindeki gibi savunmasız kalmayacağız, "Ruhunu aç ki birisi ona tükürebilsin." Bunu, bizim birleşik bütünsel hareketimiz içinde, birleşik analog bir mekanizma gibi olduğumuz zaman, özel bir amaca ulaşalım ve yeni bir şey doğuralım diye yapıyoruz, tıpkı bir çocuk yapmak için birleşen bir çift gibi.

Ancak burada hep birlikte doğum yapıyoruz, insanlık için tamamen yeni bir durum yaratıyoruz, orada saklanmamız, korkmamız ya da kendimizi yükseltmek için birbirimizden kapmak için çabalamamız gerekmeyecek. Aksine, yükselişimiz karşılıklı olacak, tam da bizim bu ortak "yavru" aracılığıyla olacak, ona bakacak, değer verecek, sürekli yükseltecek ve onu geliştireceğiz.

Sokaktaki Olay

Soru: Diyelim ki, sokakta veya metro istasyonunda birisini tartakladıklarına şahit oluyorum. Böyle bir durumda ne yapmalıyım? Gözlerimin önünde olup bitene nasıl tepki vermeliyim?

Cevap: Biz sadece integral bir toplumdaki davranış biçiminden, integral toplumdaki ilişkileri uygulamalı olarak öğrendiğimiz çalışma gruplarındaki davranış biçimden bahsediyoruz. Sokakta ise, bunu herhangi bir şekilde yansıtmıyoruz. İnsanlar bizi henüz anlayamazlar.

Her şey, bulunduğumuz topluma bağlıdır. Sokakta ayağı buzda kayıp düşen yaşlı bir teyzeye yardımcı olmak istediğini düşünelim. Bazı toplumlar vardır ki, insanlar hemen kötü bir şey yapmak istediğini zannederler. Hatta o yaşlı teyze bile, parasını çalmaya veya uygun olmayan bir başka şey yapmaya kalkıştığını düşünebilir.

Ama kimi toplumda ise, anında bir sürü insan koşturup teyzeye yardım etmeye gelir. Yani, her şey kişinin nerede bulunduğu ile ilgilidir.

Dolayısıyla, sokaktaki davranışın, -bulunduğun toplumdaki diğer insanlardan hiçbir şekilde farklı olmamalıdır. Aksi takdirde, yaptığın şey çok garip karşılanır ve insanlar tarafından anlaşılmaz.

İki Sistem Arasındaki Tutarsızlık

Gerçek şu ki, sürekli gelişerek , ego bizleri ileri itiyor. Her zaman yeni bir şey istedik ve her zaman birşeyleri takip ettik. Fakat bugün ego sabit hale geldi; maksimumuna ulaştı ve en önemlisi global hale geldi. Kendi kabuğunda istirahate çekildi.

Sonuç olarak, kendi aramızda kapalı ve tamamen birbirimize bağlı hale geldik. Aramızda herkesin diğerlerine çokça bağlı olduğu kapalı analog bir sistem oluşturduk ki dört tanıdık zinciri ile her birimiz dünyadaki herkese bağlıyız. Daha fazlası, bugün artık kavga etmeye gerek yok: Artık belli bir ülkeyi diğer ülkeler ile karşılıklı işbirliğinden ayırmak yeter ve bu ayrı tutulan ülke anında çökecektir çünkü kendi başına var olamaz.

Bu önceleri hiçbir zaman konu değildi. Bir ülke kendi izole edebilir ve bağımsız olabilirdi. Kendi başına hayatta kalabilirdi. Enerji, gıda ve toplumun ihtiyacı olan herşeyi üretmeye yeterli kaynakları olurdu ve hiçbir özel problem olmazdı.

Fakat bugün eğer onlarca başka ülkeler ile bağlantıda olmazsak hiçbir şey yapamayız. Sürekli almak, göndermek için satın almalı, satmalı ve karşılıklı gıda değişimleri yapmalı ve bu şekilde devam etmeliyiz. Global hale geldik, kapalı hale geldik. Aynı zamanda kendilerimizi değiştirseydik de bu bir problem olmayacaktı.

Böylece, dünya global ve kapalı hale gelirken bizler aynı bireysel egoistler olarak kaldık. Bu yüzden iki sistem arasında tutarsızlık vardır.

Bir yanda, her birimizin yalnız yaşamak istediği ayrık bir sistem var: "Bir aileye ihtiyacım yok. Çocuklara ihtiyacım yok. Kimseye ihtiyacım yok. Bağımsız olmak istiyorum ve kimseye bağımlı olmak istemiyorum." Bu egomuzun bugünkü konuşma şeklidir. Diğer yanda, doğa bize bunun zıddını göstermektedir. Herkes birbirine bağlıdır. Kendi başınıza var olamazsınız. Herkese bağlanmalısınız ve bu sadece siz değil aynı zamanda toplumunuz, ülkeniz ve tüm dünyadır.

Bu iki sistem arasındaki çelişkidir: İçinde olduğumuz genel sistem ve kendi kişisel, bireysel, içsel sistemimiz. Bu iki sistem birlikte çalışamadıklarından bir krizdir. İşte bu, bu konuda ne hissettiğimizdir.

Peki, bu problem o zaman nasıl çözülebilir?

Kadınların Eleştirisi

Soru: Eğer bir kadın güçlü ve keskin, eleştirel bir akla sahipse ve erkekler grubunda belirli bir dengesizlik olduğunu görüyorsa, bundan erkeklere bahsedebilir mi?

Cevap: Asla. Fakat bunu tarif edebilir ve değerlendirebilir. Bu arada, onun değerlendirmeleri çok ciddi, erkeklerinkinden çok daha ciddi olabilir.

Kadınlar bu şeyleri bir kenardan görürler – doğru şekilde görürler. Kendilerine dair yapabilecekleri hiçbir şey yoktur, fakat erkeklere olan her şeyi görmek için büyük bir yetenekleri vardır. Ve bu yetenek kullanılabilir, erkekler grubu tarafından değil fakat eğitmenler tarafından. Erkekler asla bunu bilmemeli veya hissetmemeli. Sadece pozitif bir etki, onların kahramanca hareketini, kendilerinin üzerine yükselişini bekleme halini hissetmeliler.

Soru: O zaman kadınlar eleştirilerini kiminle paylaşmalı, kız arkadaşlarıyla mı?

Cevap: Kadınlar, erkekler arasındaki şeylerin değişmesi için içsel bir arzuya sahip olmalıdır. Aynı zamanda bunu kendi aralarında konuşarak da yapabilirler, fakat bunlar pozitif konuşmalar olmalıdır, "bir tek bebeğe sahip birçok bakıcı" gibi.

Yetişkinleri Yeniden Eğitmek

Soru: İntegral eğitimin yapısı ne olmalıdır? Yetişkin bir kişinin eğitimine nasıl başlamalıyız?

Cevap: Tabii ki yetişkinlerin eğitimi ile ilgilenmeliyiz, fakat yine de maksimum ilgiyi çocukların eğitimine vermeliyiz çünkü yetişkinleri değiştirmek çok zordur. Bir yandan, içinde yaşadıkları toplumun tüm yozlaşmasını hissederler ve bunu değiştirmek isteyeceklerdir. Ancak, toplumu değiştirmek, kişiyi değiştirmek demektir. Bir kişiyi değiştirmek ise çok zordur. Çocuklarımıza dikkat ederek, özen göstererek (bizim için önemli bir şey), kendimizi de değiştiriyor olacağız.

Çoğumuz, birinin annesi ya da babasıyız. Çocuklarımız için tamamen farklı bir toplum kurmakla uğraştığımız zaman, söylendiği gibi, "Eğer bizim için değilse, o zaman çocuklarımız için." Bir sonraki nesle dikkat ettiğimizde ve onu eğittiğimizde, biz de eş zamanlı olarak kendimizi yeniden eğitmeye başlayacağız.

Soru: Bu, yetişkinler için olan kurs, aynı zamanda çocuklar için eğitmen hazırlama kursunu da içermeli mi demek?

Cevap: Bu bir zorunluluk! Kurs, çocuk eğitiminin yanı sıra, eşler arasındaki etkileşim, kişinin toplumla, patronuyla, çalışanlarla ve çocuklarla olan etkileşimi gibi konuları da içermelidir. Kişi, herkesle integral şekilde ilişkide olmalıdır.

Ortak Bir His, Akıl ve Kalp

Soru: Diyelim ki, insanlar integral yetiştirme kurslarında belli bir süre teoriyi çalışarak ve öğrendikleri hakkında pratik egzersizlerde bulunarak grubun içinde "geliştiler". Fakat ilerleyen dönemde doğal olarak, integral olmayı çalışılmak gerekirken, kişinin yine o kocaman dünyaya gitmesini gerektirecek vakit de gelip çatacak.

Cevap: Bunun için yavaş yavaş grupları birleştirmeye ve sağlamlaştırmaya başlıyoruz. Onları televizyonlara, sanal ağlardaki konuşmalara taşıyoruz. İntegral eğitim, integral bağın çalışılması, kişi, insan toplumunda ve doğada en üst seviyedeki uyuma erişene dek kişinin tüm yaşamı boyunca devam ediyor. Bu yüzden grupların yavaş yavaş güçlenmesi kişinin buna diğerleriyle eşit şekilde dahil olduğunu ve insanoğlunun tüm seviyeleriyle bağ kurduğunu ve tüm insanoğlunun kendi içinde olduğunu hissettiği bir koşulda olmasını gerektiriyor. Sanki her birimizin, hiçbirimizin duygusal seviyesine ve IQ düzeyine ya da diğer başka bir kritere göre sınıflandırılmadığı "yuvarlak" bir toplumda var olduğunu hissetmesi gibi. Diğer bir deyişle, irsi herhangi bir parametreden bağımsız bir toplumda yaşadığını hissediyor ki bu daha geçemediğimiz bir düzen.

İntegral bir toplumda birbirini karşılıklı bir biçimde dâhil etme durumu, kişinin bir başkasının aklını ve hislerini kullanabildiği bir kişisel gelişim seviyesini varsayar. Kişi diğerlerine yaklaşımı aracılığıyla kendini diğerlerinin içine dahil eder ve bu "yabancı" kaynakları kendi kaynaklarıymış gibi kullanmaya başlar. Bu durumda kişisel "Ben" denilen şey algıda ortadan kaybolur ve ortak bir his, mantık ve kalp baş gösterir. Ve bu, kişinin "Âdem" denilen, bütünüyle birlik içinde olan bu sanal görüntüye bağlanması gibidir. Sonra insanlar arasındaki tüm farklılıklar yavaş yavaş düzleşir.

Bunlar insanoğlunun tam anlamıyla sadece hayalini kurabileceği şartlar olacak: Herkes eşit olmalı, herkes aynı koşullarda, şartlarda yaşamalı vs. her birimiz yapabildiği ve arzulayabildiği kadarıyla tek bir akıl ve hissiyattan yararlanacak.

Aynı zamanda kimse bir eksiklik hissetmeyecek. Çünkü herkes için herşey sağlanacak – büyük akıl ve büyük kalp herkesle bağlantı kuracak.

Çekici Olmayan Fakat Sevimli Kişi

Soru: Kişi eksikliklerini telafi etmek eğilimindedir. Örnek olarak, her radyo sunucusunun bazı konuşma eksiklikleri vardır; sıradan görünüşlü kişiler TV'de bir kariyer elde eder ve bu şekilde devam eder. Bu aynı zamanda bütünsel eğitim sisteminde çalışan kişilere de geçerli midir? Onlar telafi etmeye çalışacaklar mı, ya da belki de bütünsellik herşeyi dengeye getirecek midir?

Yanıt: Hayır, herşeyden önce, anlıyoruz ki, görünüş hiçbir fark yaratmamaktadır. Eğitmenlerimiz arasında, çoğu zaman çekici olmayan kişiler görüyoruz, hoş olmayan ve güzel görünüşlü olmayan. Hatta diyebilirim ki, görgü kuralları çok çok basittir.

Ancak, kişi içsel çalışma ile meşgul olduğunda, bu onu iğrendirmemektedir. Eğer onları sevmezse, o zaman en azından onları nazikçe sanki kendisine yakın bir kişi gibi kabul etmeye başlar. Hatta onun içinde bir çeşit sevimlilik görür. İşte bu ne olduğudur.

Aynı şey kadınlara da geçerlidir. Eğer samimiyet ortaya çıkarsa, bunun dışında herşey rafa kalkar.

İş Yaşamın Merkezi midir?

Soru: Eğer insan nüfusunun yarısı çalışmıyor olsaydı, yani çalışanlar eğer çalışmayanlara ve sadece okuyanlara, araştırma yapanlara destek olmak, vermek zorunda kalsaydı, o zaman çalışanlar ve çalışmayıp okuyanlar arasında karşıtlık meydana çıkmaz mıydı?

Cevap: Öncelikle, birey hem çalışanlara hem de okuyanlara aynı şekilde uğraşan, katkıda bulunan kimse olarak bakmalıdır. "Çalışan veya çalışmayan" şeklinde bir kavram olmayacaktır. Yaptığımız araştırma ve istatistiksel verilere göre, dünya nüfusunun %1-2'i gerekli gıda maddelerini üretebilir ve ek olarak nüfusun %6-7'si de insanın ihtiyacı olan diğer kalan şeyleri üretebilir. Gerekli olan herşey; anlayabildiniz mi? Diyelim ki üreten bu kişi sayısı dünya nüfusunun %10'u olsun o zaman kalan diğer kimseler ne olacak? Onlar ile ne yapılacak? Yok mu edilecekler?

Anlamamız gereken aslında, kişinin tamamen bugünkü çalışma tarzı içinde olduğu gibi çalışmak zorunda olmadığı. Geçmiş son birkaç yüzyıl dışında, kişinin, sabahtan akşam geç saate kadar çalıştığı görülmemiştir. İş, kişi için çok önemli bir hal haline gelmiştir. Rahatlık için, çocuk yuvaları bile firmalara yakın yerde olmak üzere organize edilmiştir. İş genel anlamda yaşamımızın merkezi haline, bu statüsüne ulaşmıştır.

Fakat neden bu şekilde olmalıdır ki? Neden kişi işe günde iki saat gelerek ve kalan zamanını okuyarak geçiremez? Bu şekilde kişi kendi eğitimi üzerinde çalışır, bütünsel gelişim üzerine çalışır. Kişi ve sürece ait olur ve hergün değişim derecesine göre, doğa ile kendini büyük bir denge haline getirir. Ve bu devamlı bir yenilenmedir. Bizler bunu yapmak mecburiyetinde kalacağız. Kimsenin birşeyden vazgeçmesi gerekmez; herkes bu konuda eşit olacaktır.

Bugün eğer bir kimse ile iletişime geçerseniz, öncelikle ortaya çıkanlar: Kimsiniz, neredesiniz, mesleğiniz nedir, ne kadar para kazanırsınız? İşte bunlar bizi ilgilendirir. Fakat bizler şimdi farklı bir toplum tarzına doğru geliyoruz. Ne Dünya ne de doğal kaynaklar veya çevre (çoğunu zaten kirlettiğimiz) bizim bu şekilde ilerlememize izin veremeyecektir. Bizler bunu zaten görüyoruz.

Bizler hiç bir şekilde kimsenin fikrini değiştirmeye çalışmıyoruz, diğer bilim adamları gibi, bu şekilde hareketlerimize yön vermemiz gerektiğini yani başka şekilde değil; bizler basit bir şekilde mümkün olan bir çareyi sunuyoruz. Bizler başka önerileri duymaktan da memnun oluruz. Bizler sürekli bir şekilde araştırma yapıyoruz ve bu metodolojiyi devamlı en yeni veriler ile tamamlıyoruz. Genel anlamda bu çalışma araştırmanın bir parçasıdır. Eğer bana 10 sene önce bunu sormuş olsaydınız, o zaman bugün dediğimin sadece ufak bir bölümünü benden duyardınız. Bunun yanısıra, bizler dünyadaki diğer meslektaşlarımız sayesinde çok şey keşfettik ve halen birbirimiz ile karşılıklı iletişim içinde daha da yakınlaşma sağlayarak beraberce ilerliyoruz.

Egoizm Kırmızı Çizgiye Dayandı

Dünyamıza ait arzu ve istekler had safhaya geldiler ve gelişecek bir şey kalmadı, doygunluğa eriştiler.

Tüm bedensel arzularımız; beslenme, seks, aile ve sosyal arzularımız; zenginlik saygı, bilgi hepsi kriz içinde. Demek ki isteklerimiz artık maksimum seviyeyi aştılar ve mutasyona uğramakta. Dolayısıyla dünyamızda artık egoizmle ilgili bir gelişme beklenmemekte olup egolarımız bizi birbirimizle ilişki kurup karşılıklı bağımlılığa zorluyor. Böylece bütünleşmiş bir bağ hissi uyandırılarak ötekini kendimiz gibi sevmeyi ve dolayısıyla aramızdaki tüm sorunların çözümünün sadece bu bilinçte yattığını keşfedeceğiz.

Genç Nüfusun İşsizliğini Zaptedebilmek

CNBC Haberi'nden: Gençlik ve İşadamları Temsilcileri perşembe günü Davos'daki Dünya Ekonomik Forumu'nda gençlerin tecrübe kazanmaları için en fazla 2 yıl olmak üzere, ücretsiz çalışmaları konusundan bahsettiler.

Birleşmiş Milletler delegeleri ve delegelerinden Maurice Levy (Publicis Grubu'ndan sorumlu idari yönetici ve CNBC tarafından sunulan tartışma programında "kayıp ve işsiz gençlik nasıl kurtarılır" tartışma katılımcısı) tarafından gençlerin bir iki sene için gönüllü çalışmasının önemini vurgulayan yeni bir teklif sevk edildi.

"Uluslararası Çalışma Örgütü'nün bu hafta eline ulaşan verilerine göre, önümüzdeki on yıl içerisinde yükselen nüfus ve finansal krizin etkileri ile başedebilmek için dünyada 600 milyon yeni işe ihtiyaç duyulacaktır".

Yorum: Bu şekilde Kapitalistler işsizlik problemini toplumun omuzlarına bindiriyorlar. Bunun yanı sıra devlet işsizleri desteklemelidir. Fakat dünya yeni çalışanlara ihtiyaç duymayacak; aksine işsizlik artacaktır. İnsanlar işsizlik yardımlarından daha fazla gider oluşturan gereksiz işler ile uğraşmamalıdır. Topluma faydalı olarak, insanı birlik oluşturma amacı ile eğiten, karşılıklı paylaşıma yönelten konular ile ilgilenmelidir.

Okul Toplumun Yozlaşmasının Göstergesidir

Soru: Bizler yetişkin insanların eğitimi hakkında konuştuğumuz zaman bu biraz endişe verici görünüyor. İnsanlar, günümüz gerçekliğinden kopuk eylemleri teklif ettiğimizden dolayı bizleri suçlamaya başlıyorlar.

Cevabım: Buna tamamen katılıyorum! Günümüz dünyası ve bizler onlara tamamen ters ve karşıt önerilerde bulunuyoruz. Gerçekçi gözlerle bakmalıyız. Gerçekten de böyle. Burada kısmi çözümler olabilir. Ben, günümüzde olduğu gibi yarısı egoisttik yarısı insancıl olacak şekilde bir okul yapamam.

Küçük bir çocuk için okula geldiği zaman, dayak atabiliyorlar, O'ndan çalışıyorlar, Onunla her türlü şeyi yapıp her türlü şeyi yüklüyorlar, çocuğa baskı yapıp tüm olumsuz değerleri aşılıyorlar. Ve Onu birçok iğrenç örneklerle herkes gibi olması için zorluyorlar. Çocuklar sigara ve alkol kullanmaya başlıyor ve sonrasında daha başka uyuşturucu maddeler. Okul adeta yozlaşmanın, kibrin ve çöküşün okulu. Bazısı okula araba ile gelirken bir başkası yürüyerek geliyor!

Modern toplumun tüm yozlaşmaları ve okul arasında kalan çocuklar kendilerini daha sert ve acımasız bir ortamda buluyorlar. Bu ortamda kavga etmek zorunda kalıyorlar. Bizler bununla bir şeyler yapmaya başlamalıyız. Bunlar bizim çocuklarımız!

Bu egoisttik halimizde tüm hissiyatımız eksik ve çocuklarımızla da ilişkilerimiz de bu biçimde olup onları kendimizden itip; "Okuluna git. Orada seni eğitmeliler. Git kendi başına idare et!" diyoruz.

Çocuğun eğitim yeri O'nu normal bir insan yapmalı, O'nu geleceğe ve gelecek topluma yönelik hazırlamalı. Bizler, bireyden bireye bir toplum oluşturmak için bir şey yapmıyoruz.

Ne olacağı bizler için önemli değil. Bu yüzden çocuk yapmak da istemiyoruz. Bariz bir şekilde bir derede yüzüyoruz, büyük bir şelaleye ve uçuruma doğru.

Sahip Olunmaya Değen Meslek

Soru: Sosyal hizmet veren mesleklerin dünyamıza bir faydası var mı?

Cevap: Hizmet veren tüm mesleklerin şu an faydası var; doktora, öğretmene, güvenlik görevlisine, çöpçüsüne, hepsine ihtiyacımız var. Ancak insanlık dünyayı iyiye, ileriye götürmek istiyorsa bu mesleklerin dışında kendi içsel gelişimini, ıslahını düşünmeli ve eline almalıdır. Şöyle bir deyim vardır: *Kendini değiştir tüm dünya değişir.* Kişi yaratılışın amacı olan ruhunu tekâmül etme isteği içinde olduğunda, sadece kendine değil bu dünyada herkese yardımcı olmuş olur. İşte bu dünyada sahip olmaya değen bir meslek...

İyilik İle Kıyafetlendirilmiş Kötülük

Soru: İntegral eğitim metoduna göre kişiye kötü örnekler gösterilmemelidir. Ancak bu, psikolojide biraz farklıdır. Psikolojide kişi, başından geçen talihsizliklerden bahseder ve nerede hata yaptığının değerlendirmesini yapmaya başlar. Genel olarak söylemek gerekirse, kişi önce kötü yanı ile yüzleşir ve ardından da onu düzeltmeye çalışır.

Cevap: Bizim yaklaşımımız tamamen farklı. Kötülük diye bir şey yoktur! Dünyanın hiçbir yerinde kötülük yoktur! Her ne kadar tabiatın tümü bize kötüymüş gibi görünse de, bu, yalnızca tabiata yaklaşımımız yanlış olduğu için bize öyle görünür. Eğer tabiata olan yaklaşımımız farklı olsaydı ve tabiatı farklı bir şekilde kullansaydık, o zaman tabiatın sadece iyilikten ibaret olduğunu görürdük. Ayrıca, egoizmi kötülük için kullanmak yerine, iyilik için de kullanabiliriz.

Eğer kendi egoizmime karşı oynarsam; yani, egoizmimi değerlendirmeye başlayıp, kendi egoizmimin üstüne yükselişimin bir aracı olarak onunla çalışmaya başlarsam, o zaman kendi egoizmim, benim başlangıç noktamı oluşturur; kendimi ölçtüğüm, ne kadar yükselip değiştiğimi gösteren kılavuz haline gelir.

Egoizmimi bana verilmiş olan ve tamamen zıt bir niyete kıyafetlendirmem gereken negatif bir nitelik olarak görürüm:

Egoizmimin tümünü ihsan etmek, sevgi ve bağ kurmak için kullanma niyetiyle kıyafetlendiririm. Bundan sonra, egoizmim sürekli olarak bana yardım eder; beni sürekli olarak iter ve dürter, beni bir taraflara çeker ve ben de sürekli olarak onun üstüne yükselmenin yollarını bularak onu karşılar ve dengelerim. Bu şekilde, egoizmim "kendime karşı" yardım aracı haline gelir.

İlerlemekte veya gelişmekte olan sistemlerin tümünün iki zıt kuvvetten oluşması gerektiğini biliriz. Karşılıklı olan, birbirlerini tamamlayan ve birbirlerini dengeleyen ortak paydalar oluşturan bu iki zıt kuvvet, mümkün olan en iyi sonuçları verir.

Bu sebepten dolayı egoizm, egoizmin üstüne yükselme arzusu ile dengelenmelidir ve egoizmin üstüne yükselebilmek için çevreye, komşuların yardımına, tanıdıklara ve tüm topluma güven duyulabilmelidir. Bu iki sistem, yani bir tarafta toplum ve çevre, diğer tarafta da kendi egoizmim, bana yardım eden unsurlardır. Ben bu iki unsurun arasında dururum ve kendimi bu şekilde yükseltirim.

Nihayetinde, kendi egoizmimi incelerim ve egoizmimin üstüne yükselebilmeme yardımcı olabilecek olan niteliklerini bulurum. Bu nitelikleri ihsan etmek, ilerlemek, mutluluk ve diğerlerine yardım etmek için kullanırım ve o zaman egoizmim, çalışmakta olduğum kuvvet, kütle, çalışmak için elimde olan madde haline gelir. Egoizmimi hiçbir şekilde yok etmem! O, içimde gelişmeye devam eder; ben ise onun gelişiminin tüm ayrıntılarını neşe ile karşılarım.

Modern bir insan, egoizmini hüzün ve acı ile karşılar; "Yine ben! Suçum neydi?" diye yakınır. Fakat bunun benimle bir ilgisi yoktur. Tabiat, kendisini içimde bu şekilde gösterir. Muazzam boyutlardaki egoist bir tabiat, kendisini içimizde özellikle bu şekilde ifşa eder ki, biz de onun üstünde birlik kurmaya devam edelim.

Bu sebepten dolayı, egoizm, bizleri ilerleten bir makine gibidir. Onun her türüne, çeşit ve şekline, meydana getirdiği her şeye ihtiyacımız vardır, en feci olan yanlarına bile, ki bu şekilde onları güzel giysiler ile kıyafetlendirebilelim.

Bu dehşet içeride kalmaya devam eder ve bırakın orada kalsın. Eğer onun üstüne tamamen faklı, bambaşka olan bir kabuk yerleştirirsek, bir ihtilaf yaratırız, niteliklerimizin her biri çift kutuplu olur ve bu sayede egoizmimizin gücünü arttırabilir ve onu, başkaların iyiliği için kullanabiliriz. Bu şekilde, "İnsan" denilen ve tamamıyla farklı olan bir yapı oluşur.

Fiziksel (bedenin uğruna) olan varlığımızın bulunduğu seviyenin üstüne yükselip, tamamıyla faklı olan manevi bir yapıyı oluşturacağımız duruma tarihte ilk kez ulaşmaktayız; herkesin birbirine bağlı olduğu karşılıklı olarak birbirini tamamladığı, ortak ve sanal bir insanlık durumuna ulaşmaktayız. Dünyadaki kolektif insanın prototipini oluşturan ve Adam denilen bu bütüncül mekanizma, bizlere tabiatın tüm kuvvetlerini, ayrıntılarını ve derinliklerini edinme ve onları doğru biçimde kullanma fırsatını tanımaktadır

Yani, egoizmi hiçbir şekilde yok etmiyoruz veya etkisizleştirmiyoruz. Tam tersine, tüm negatif belirtileri ile memnuniyet duyuyoruz, tıpkı bir heykel yapmak için harikulade bir malzeme bulmuş olan bir heykeltıraş gibi. Elbette ki bu heykeltıraş, heykelini belli bir şekle sokabilmek için önünde bir ton iş olduğunun bilincindedir, ancak bu malzemenin eline düşmüş olmasından dolayı son derece memnundur.

Aynı şey, bizler için de geçerlidir. Egoizmin ifşası, çalışabileceğim yeni malzemenin ta kendisini oluşturur. Tek yapmamız gereken şey, bu malzemeyi kullanma şeklimizi değiştirmektir, malzemenin kendisini değiştirmek değil. Bu malzemeyi, bir şeyi başkalarının pahasına yapmak yerine, onların yararına yapmak için kullanmalıyız.

Ahlak Üzerine Düşünceler

Soru: Yetişkin bir kişi, bir yetiştirme sistemine girdiği zaman, ilgilendiği ilk şey ahlaki sorulardır. Ne iyidir ve ne kötüdür? Aynı zamanda biliyoruz ki, ahlak, kişinin gelişimini engeller.

Cevap: Biz kesin olarak ahlaka karşıyız. Sorun şudur ki, ahlak, kişinin ezberlemesi ve içine alması gereken aşırı sayıda türlü koşul varsayar ve böylece kişinin içsel "Ben"ini yaratır. Bu ona tüm olası ahlaki kısıtlamalar aracılığıyla yüklenmiştir. "Dar görüşlü", sabit fikirli ve "paketlenmiş" hale gelir ve etrafında olanlarla görünürde düzgün ve doğru şekilde ilişki kurar. Doğal olarak, bu süreçte kendi imajını inşa eder – siyah, paketlenmiş, demir bir "çanta".

Biz buna kesinlikle karşıyız. Bu özgürlük değildir. Kişi, bu şekilde uzun süre yaşayamaz ve eğer yaşarsa, o zaman algılamaya, hissetmeye, iyilik yapmaya ve karşılıklı anlayışa dair tüm duyarlılığını kaybeder. Ahlaki olarak doğru bir kişi, birisinin öldürülmesi gerektiğine karar verebilir ve onu kolaylıkla öldürebilir çünkü bu, onun çevresinde kabul edilen normlara uygundur ve o, bu normların ustası olmuştur. Esas itibariyle bu faşizmdir, Nazizm'dir, azami aşırıcılığın tüm olası formlarıdır. Bu formlar anarşinin karşıtıdırlar.

Burada biz orta çizgiyi, ikisi arasındaki orta durumu sunuyoruz. Yani, kişi, ahlaki duruşlarının her birinin gerekliliğini anlamalıdır: Bu duruş doğaya uygun mu, bugünün toplumunda ve etrafında olanlarla ilişkilerinde kabul edilebilir mi? Bunu öyle şekilde düzenlememiz gerekir ki, toplumun menfaati her zaman bireyinkinin üzerinde olur ve ek olarak, tüm toplum çok büyük bir birleşmeye doğru hareket eder çünkü doğanın talep ettiği şey budur.

Bu nedenle, şüphesiz ki, bir ahlaki çerçeve gereklidir, fakat bu, sürekli gelişen ve esnek olan bir çerçeve olmalı, kişisel kontrol ve toplum kontrolü altında var olmalı, sözde "kutsal inekler" olmaksızın. Dolayısıyla, bu "Prusya eğitimi" yanlıları tarafından sunulan bir ahlak, "İçinize ne işlediysek, hayat boyu sizinle kalacak," değildir.

Dünya'nın Tek Şansı

Soru: Bizim çalışmalarımızın etkisi, bilim insanları ve araştırmacıların sağduyuları üzerinde ne zaman bir etkiye sahip olacak?

Cevap: Onların resmin bütününü görmelerine yardım etmemiz gerekir. Onlar da şimdiden integral bir dünyanın emareleri üzerine konuşmaktadırlar; ancak kişisel gözlemlerini tek bir sistem, tek bir metodoloji içinde bir araya getiremiyorlar.

Bir de bu konunun daha da derinine girmekten korkuyorlar çünkü integral bir dünya düşüncesi onları iktidarlarla yüzleştirmeye götürmektedir. Mevcut hükümetler kendi kendilerine zarar verdiklerini kavramada o kadar başarısızlar ki egoistçe ve bireysel bir şekilde davranmaktalar. Politikacılar bütünleyici bir sezgiden yoksunlar. Onların aksine bilim insanları doğayı gözlemleyip ne gördükleri hakkında konuşuyorlar. Onların sesine kimlerin kulak verdiği ise ayrı bir konu.

Bir başka sorun da şu: Çeşitli uzman ve bilim insanı tarafından söylenen harikulade sözler olmakla birlikte aramızdaki bağlantıdan ve birliğe ne kadar ihtiyaç olduğuyla ilgili söz ettikleri konu yok; uygulama konusunda isteksizler. Para ve ordu burada yardım edemez. Dünyadaki tüm insanlar "Evet, biz global bir köy olmak istiyoruz" diye haykırsa bile, bu ittifak halindeki iradelerin bildirilmesinden sonra ne olacak? Bir dünya savaşı haricinde hiçbir şey. Onları birbirine bağlayan bağı çok şiddetli biçimde hissettikten sonra bile bu bağı kesmek için bir dünya savaşı çıkaracaklar.

Bilim insanlarının bir çözümü yok; insanı nasıl değiştireceklerini bilmiyorlar. Bir ilacınız yoksa egoizmin ne kadar da zararlı olduğunu haykırsanız ne yazar? Geçmişte, doktorlar ölümcül hastalarına bu durumu söylemezlerdi. Hastalığın ilerlemesini yavaşlatma konusunda bile bir niyet yoktu ve bu nedenle kişi karanlıkta bırakılırdı ki daha az acı çeksin. Bir insanla ilgilenemeyecek kadar acizseniz gerçeğin ifşasına ne gerek var?

Ve şimdi problemimiz şu ki: İnsanlarla bağlantıyı nasıl sağlayabiliriz ve egoizmi düzeltmenin, dolayısıyla dünyayı düzeltmenin mümkün olduğunu onlara nasıl izah edebiliriz?

Biz insanın düzelmesi gerekliliği hakkında çok açık konuşuyoruz. Başka hiçbir şey yardımcı olamayacak. Bir çokları tüm kötülüğün insanın doğası içinde var olduğunu anlamış durumda. Bununla birlikte ellerini havaya kaldırıyor: "İnsan egoisttik bir varlıktır ve bunun hakkında yapılacak hiçbir şey yok" diyorlar. Eğer bizler egoizmin düzeltilmesi yöntemini insanlara sunmazsak, eğer bunun gerçekten de mümkün olabilirliğini açıklamazsak, dünyanın hiçbir şansı yok. Bununla beraber, şimdiye dek yarı gönüllü olarak çalışmış durumdayız.

Lokal Kişi Başı Gayri Safi Yurt İçi Hasıla (GSYH) Yaşam Standardını Yansıtmamaktadır

Mignews.com'um haberinde, Avrupa için yayınlanmış Birleşmiş Milletler Ekonomik Komisyon raporuna göre istihdam ve dünya nüfusunun büyüklüğü arasındaki oran dengesizdir ve doğrudan doğruya yöresel GSYH'ya dayanmaktadır.

"Kişi başı GSYH, Türkiye'de çalışan nüfus sadece % 29 iken çok yüksektir. Bir sonraki yüksek olan ülke ise % 77 ile Kazakistan'dır.

Kırgızistan ve Moldova'da ise kişi başı GSYH oranları en düşük olanlardır ve istihdam oranları % 59 ve % 39'dur.

Gelişmiş ülkelerde, nüfusun büyüklüğü ile istihdam arasındaki oran refahı ve adaletli dengeyi işaret eden %50 % 60'lar düzeyindedir.

Görüşüm: Hepimizin bildiği gibi, ekonomideki rakamlar nüfusun durumunu yansıtmamakta ve istatistiklerin onlara uygun şekilde gösterdiği üzere fakirlerin giderleri üzerinde, zenginin daha da zengin olmasına yardım etmektedir.

Ekonomi, bilim değildir; ancak manipülasyon yapanların kazandığı öngörülerin bir sonucudur.

Bununla birlikte, diktatörlük dönemlerinin fazla olduğunu ve toplumla doğa arasındaki ekonomik dengelerin yer değiştireceğini gözler önüne sermektedir. Biz istesek de istemesek de. Sadece dengenin formülü bizim sosyal ve ekonomik ilişkilerimizi belirleyecek ve etkileyecektir.

Geçiş Süreci Ve Moda

Soru: İnsanlar, gereğinden fazla üretimden isteyerek feragat edecekler diyorsunuz fakat bu konuda şüphelerim var.

Cevap: Feragat etmeyecekler. Çevrenin kişiyi, kişinin basit bir şekilde bunu takip etmeyi bırakması şeklinde etkilemesi gerek. Tıpkı, bizim artık çocuk oyunlarıyla ilgilenmeyi bırakmış olmamız gibi. Çünkü şimdi yetişkin insanlarız ve başka ilgi alanlarına sahibiz. İşte aynısı bu konuda da böyle olacak. Farkında bile olmadan bizim için çok daha önemli, bizi çok daha fazla tatmin eden bir şeyi takip etmeye başlayacağız.

Değiştiğim kadarıyla, gitgide daha rafine tatminlerin talebinde bulunacağım ve işte bu yüzden artık son model bir araba ya da meşhur bir modacıdan son moda giysiler edinmekle ilgilenmeyeceğim. Birden tüm bunları unutuyor olduğumun farkına varacağım, tıpkı tüm dikkatini işine, tutkusuna vermiş ve formüllerle ya da farelerle meşgul olmaktan tatmin olduğunu hisseden bir bilim adamı gibi! Onun için, ne yiyeceğinin ya da ne giyeceğinin çok bir önemi yok – kişinin, bir şeyin içine derinlemesine daldığında hissettiği şey budur.

Bizim zamanımızda, sanatla ilgilenen ya da diğer çevrelerden bazı insanlar, bizim dünyamızın bir nebze olsun üstünde olduklarını göstermek istediklerinde, modaya karşı bilinçli bir şekilde önemsemez bir tavır takınmak modadır ("ne yiyeceğim ya da nasıl giyineceğim benim için fark etmez")

Bunun içinde belli bir hareket yatmakta, kişinin ilgi duyduğu başka şeyler olduğunu, başka endişeleri olduğunu ve papyonlu bir smokini umursamadığını gösterme arzusu. Tüm bu moda: yırtık pırtık kot pantolonlar vs. bir şeye doğru açıkça duyulan içsel özlemlerin ve dışsallığın hor görülmesinin belirtileridir. Dövmeler, yüzükler ve piercingler, bunlar kişinin üzerindeki süsler değildir, kişinin, bu dışsal imajlar vasıtasıyla içsel koşulunu ifade etme girişimleridir.

Bu girişimlerin tüm anlamsızlığını kabul etmek gerçekten önemli olduğunda, bu bir geçiş sürecidir. Yine de bu, çevrenin kişi üzerindeki etkisinin iyi bir örneğidir. Yapacak bir şey yok. Ya krizin bir sonucu olarak ya da bir yükselişin sonucu olarak tüm bunlar geçene kadar hiçbir şey değişmeyecek.

Geçiş Döneminde Yaşanan Zorluklar

Yeni gelişim düzeylerine geçişi hep küçük krizler teşvik etmiştir: Eğitim, sosyal, finansal ve diğer sistemler gittikçe bozulmaya başladı. Evlilikler ayrılıkla sonuçlanmaya, yavaşça fakat düzenli bir şekilde yayılan yasa dışı uyuşturucu madde kullanımı ise alkolizme baskın çıktı. Bir anda terörizm belirgin bir hale geldi.

İnsanlığın tedirginliği açığa çıkıyor. Bu, yaşamın tüm safhalarındaki acizlik ve aksaklıklar sonucu oluşan, bencil kurallara göre inşa edilmiş ve herkesin sadece kendisi ile meşgul olduğu durum yani : "Bu senin, bu benim ve sakın bu sınırı geçme" anlamına gelir. Herkes kendi özgürlüğünü ve kişisel özel alanını savunur. Şimdi ise, doğa aramızdaki sınırları yok eder, duvarları yıkar ve bizi, bizim uzak kalmak istediğimiz, hazır olmadığımız toplu ve ortak yaşam biçimine doğru sürükler.

Egolarımızın derecesi çok küçük iken bizler herşeye açık idik. O zamanlar tek bir aile şeklinde bir köyde yaşayıp yaşamadığımız bizim için pek farketmezdi. İnsanlar kapılarını kilitlemek zorunda değillerdi ve birbirlerine karşı daha candan, daha naziktiler. Kocaman bir aile (ebeveynler, çocuklar ve torunlar) bir odayı paylaşabiliyorlardı ve birbirlerinden çekinmiyorlardı.

Şimdilerde ise bunlar farklı. Büyük bir bencillik ile bizler birbirimizden ayrıyız. Herkes kendine ait ayrı bir oda istiyor, ya bilgisayarın arkasına saklanmayı ya da telefonla meşgul olmaya gayret ederek diğerleri ile olan bağlantılarını mümkün olduğu kadar aza indirgiyor. İnsanlar artık aile olup birleşmiyorlar fakat daha çok cinsellik için beraber olup birbirlerinden uzaklaşıyorlar.

Fakat bir anda doğa bu ayrılıkları ortadan kaldırmaya başlıyor ve böyle yaparak bizim birbirimizden kopmamızı önlüyor. Şu anki yaşadığımız kriz, bugüne kadar yaşamış olduğumuz krizlerin en büyüğüdür. Bunu geciktirmek için elimizden gelen herşeyi yapıyoruz, gerçeğe aykırı beyan veriyoruz. Fakat bu durum daha alçak seviyelerdeki, birbiri ile hala bağ içinde olan toplumda kendini gösteriyor.

Şu sıralarda aile krizi diye birşey pek yok çünkü ailelerin zaten birbiri ile bağları kopmuş. Ailelerin yarısından fazlası kendiliğinden aile sayılmaz ve hiçbir şekilde kendilerini yeniden düzenlemek ve canlandırmak arzusunda değillerdir. Evlenmek istemeyen kimselerin sayısı %70'e kadar ulaştı. Bugün üyelerinin birbirlerine karşı iyi, sevgi ve saygı ile davrandığı aile neredeyse bir eski zaman modeli durumuna düşmüştür.

Diğer ikinci bir temel sorun ise uyuşturucu sorunudur. Bizler bu çirkin hadiseye itaat ediyoruz; bununla savaşımız yumuşak ve ılımlıca. Fark ettiğimiz bunun mani olamadığımız korkunç birşey olduğu çünkü içinde yaşadığımız toplum ve bu yaşam bizi kaçış yapmaya doğru farklı yollar aramaya itiyor.

Bir sonraki problem ise gençliği nasıl yetiştireceğimiz. Şu sıralarda nüfus zayıf, insan sayısında artış pek yok ve insanlar çocuklarını nasıl yetiştireceklerini, nasıl bakacaklarını bilemiyorlar. Ebeveynler çocuklarını hem geceleri hem de gündüzleri hem de gün içerisinde bırakıp ilgilenmiyorlar. Çocuklar artık aileleri ile birlikte büyümüyorlar ve bağ olmadan, nesiller arası mesafenin arttığı bir dönemde yaşıyorlar. Gelecek nesli kaybetmek üzereyiz fakat kimse onlar hakkında pek endişe duymuyor. Bizler ortaya "Çocuklarımızın yetiştirilme tarzının iyi veya kötü olmasının farkı ne olacak; değişen ne olacak ?" diyerek konuşuyoruz. İşte bu bizim düşünce tarzımız ve problemin özünü bile uzaktan yakından kavrayamıyoruz.

Anlaşıldığı üzere önceki yaşanmış tüm krizler bizler için yeteri kadar felaket değildi ve aynı zamanda kendimizin tüm yaşam ayrıntılarımız ile iflas etmiş bir zihniyet içinde olduğumuzun farkındalığına da bizi ulaştırmadı. Gelişim süreci daima küçük ve zayıftan büyük olanlara doğru etkili olur. Bu çocuklarımızı cezalandırmamıza benzer, yani önce onları başta ikna etmeye çalışırız sonra büyük bir kargaşa ortaya çıktığında ise onları tehdit ederiz. Bu noktada, hepimiz gayet ciddi bir süreçten geçiyoruz; bu ölümle kalım kadar mühim olan bir durum.

Doğa ve bizler arasındaki iki mühim çelişki dönemleri içinden geçiyoruz. Bütünsellik, bizim doğaya ve onun tüm sistemlerine karşı olduğumuzu fark etmemizi sağlar. Demek istenilen; önceden bizlerin tamamıyla birbiri ile bağ içerisinde olması gerekiyor iken birlik içinde olmamak için elimizden gelen herşeyi yapıyoruz.

Beraber bağ içinde olmamız gerektiğinin iyi olduğunu anlıyoruz fakat bu duruma nasıl erişebileceğimizi bilemiyoruz. Dünyadaki herkes, eğer insanların eğitim, teknik, pedagoji ve kültürel sebepler nedeniyle birleşmeleri gerçekleşirse tüm bu durumu daha da kolaylaştıracağını idrak ediyor. Fakat nasıl egolarımıza karşı zıt davranabiliriz? Bizler bunu yapma yeteneğine pek sahip değiliz!

Burada yatan problem şu: Eğer birleşmemiz mümkün olmazsa aç kalacağız. Çok basit! Yiyecek, güvenlik, konut, ısıtma, fiziksel sağlık gibi temel ihtiyaçlarımızı karşılayacak durumda olamayacağız. Hayatta kalabilmek için tatmin edilmesine ihtiyaç duyulan beş temel ihtiyaç vardır.

Bu zamanda doğa bizi o kadar sıkıştırıyor ki eğer doğanın koşullarını karşılayamazsak beş temel ihtiyacımızı tedarik etmemiz mümkün olamayacak. Çevrebilimi gibi bir kavram güvenlik koşulumuzun bir parçasıdır. Yiyecek temin etmek ve ekolojik bir çevreyi tutabilmek konusunda başarısızız; ikisi de birbirine bağımlıdır ve biri diğerini etkiler.

Endişe, korku ve kargaşa insanoğlunu muhtemelen şiddetli önlemler almaya zorlayacaktır. Eğer birşey yapmazsak, bizim doğaya karşı olan direnişimiz ve karşı koyuşumuz bizleri, ıstıraba, savaşlara, yıkıma ve silinmeye doğru götürecektir. Bir noktada bizler tekrar hayatta kalabilme şansımızı tekrar değerlendirip birleşmemiz gerektiği sonucuna varacağız ve gelişimin dördüncü seviyesine ulaşacağız : "İnsan" seviyesine.

Öğrencilerler Bir "Kafeste"

Soru: 20. Yüzyılın başlangıcında özellikle Rusya'da, cahilliği ortadan kaldırmak için yaygın bir seferberlik vardı. Bugün bu durum kusursuz derece doğal görünürken eskiden düşmanlıkla karşılanıyordu. Birçok insan, çocuklarını okullara yollamayı reddetti ve çocukların kendilerince öğrenmelerini istemediler çünkü bunun gereksiz bir zaman kaybı olduğunu düşünüyorlardı. Biz integral bir eğitim sistemi önerdiğimiz zaman, gereksiz, kullanılmaz bir şey olarak algılanabilir, bugün ona benzer bir durum ortaya çıkabilir. Bu direnişin üstesinden nasıl gelebiliriz?

Cevap: Şunu düşünüyorum ki bugün, eğitmenlerin büyük bir çoğunluğu, psikologlar ve sosyologlar kuvvet kazanmaya hazır olan problemi farkındalar ama bu problemle nasıl başa çıkabileceklerini bilmiyorlar. Gerekli olan şey onlara mümkün olduğu kadar geniş açıklamalar ile yaklaşmaktır.

Öğretmenler, öğrencileriyle empatik olurlar ve üstelik zamanla öğrencilerinden daha fazla ıstırap çekerler. Sonuçta, öğretmenler çocukların devamlı olumsuz baskıları ile sınırsız ve çocukların onlara karşı gelip, kısıtlanamayan şeytanca bencillikleri ile yine de var olmaya zorlanmışlardır. Her öğrenci onlara karşı kendi bağımsızlığını ispat etmek ister ve kendisini teyit edebilmek için gayret eder.

Ben, öğretmenlerin ve eğitmenlerin çocuklarla normal olarak çalışması için onlara izin verecek olan, onların faydası için bir şey, en azından yeni bir metodolojide ayırt edebilmesi için burada bazı eğitime ihtiyaç olduğunu düşünürüm.

Bugün bir eğitmenin işi daha zor ve ciddidir, hatta ben riskli olduğunu bile söyleyebilirim. Bir kişi öyle koşullara maruz kalır ki söz konusu bu manevi baskı içindeki bu çalışmaya "zararlı" olarak nitelendirilebilir. Çocuklarla birlikte kırk beş dakika sınıfta olmak birçok stres yaratır ve muazzam derecede öğretmeni zorlar.

Eğitmenlerle beraber biz ilk olarak, çocukların anlaması için onlara yardım edecek olan metodolojik bir kaynağı hazırlamaya ihtiyaç duyarız ve her şeyden önce biz henüz sınıfı değiştirmeden sınıftaki atmosferle ilgileniriz.

Öğrenciler henüz gerekli konuşmaya alışamaz çünkü birisiyle herhangi bir şeyi tartışmak imkansızdır. Bu, bağırma, birbirlerini susturma, küfür durumuna yol açar ve kim bilir başka nelere.

Şimdi eğitimci en azından onları oturtur, onları sakince bir arada tutar ve bir şekilde gereklilik getirdiği için onları pasifize eder. Öğrenciler oturur iken, hepsi perişan kendi yerindedir ve tüm bu işkencenin sona ermesini beklerler.

Burada yavaş ve düzgün bir geçişe ihtiyaç duyulur. Ben, eğitmenlerin aşamalı olarak bunu kabul edecek olduğunu düşünürüm. Onlar şimdiden mevcut olan sistemin, yeni nesilde var olmasının pek doğru olmadığını hemen görürler.

Dünyaya Bir Çözüm Vermek

Bağlantıların ağını oluşturarak dünyaya kılavuzluk ederiz; bizler dünyanın 'ihsan etmenin merkezi' haline geliyoruz. İnsanlık acı çekiyor ancak bu acının arkasındaki sebebi ifşa edemiyor ve işte bu yüzden bu acıdan nasıl kurtulacağını bilmiyor. Aslında bu görünür bir durum ve daha ve daha fazla hissedilecek. İşte bu yüzden bizler mümkün olduğunca kısa bir zamanda insanlara bu krizin sebebini, krizin doğasının ardındaki sebebi ve nasıl bundan kurtulabileceklerini anlatmalı ve açıklamalıyız.

Bunu yapmadan dünyaya ihsan ediyoruz diyemeyiz. Tüm gücümüzle insanların acılarına ortak olmalıyız, ıstıraplarını hissetmeli ve kendimizden daha çok onlar için talepte bulunmalıyız. Bizim esas işimiz budur. Biz bunun için varız. İşte bu yüzden olabildiğince en kısa zamanda dünyaya neler olduğu hakkında bir açıklamayla ortaya çıkmalıyız. Dünya kendi çözümünü muhakeme edemeyecektir. Bu durum bizleri, eğitmenler hazırlamak, içerik oluşturmak ve benzeri hazırlıklar için ağ oluşturmak için zorunlu kılar.

Bizim işimiz budur. Şükür buna ki, sadece dağıtım ve dost sevgisine olan endişemizle kendimizi daha ileriye taşıyacağız.

Ne Kadar Dengedeyiz?

İntegral ve global bir tabiatın parçasıyız. Bu her zaman böyleydi, ancak bunu hiçbir zaman düşünmedik ve fark etmedik, ta ki tabiat bizi bunun farkına varmaya zorlayana kadar. Hatta son zamanlarda hayat bizi bu yönde sürekli daha fazla itmeye başladı: Her yönden tokat yemeye başlamış bulunuyoruz.

Diğer bir deyişle, sahip olduğumuz bu egoist hayatı idare edemiyoruz ve hiçbir konuda başarılı olamıyoruz. Ne ailede başarılı olabiliyoruz, ne çocuklarımızla, ne kendimizle, ne dünyayla, ne de güvenlik konusunda. Zor günler için yeteli birikimimiz var mı bilmiyoruz ve emeklilik fonları çöküşe geçmiş durumda.

İnsanda geleceğe dair emniyet, güven ve rahatlık hissini veren; güçsüzlük, hastalık ve yaşlılık durumlarında kendisine ve sevdiklerine emniyet sağlayan tüm sistemler değerlerini kaybetmekte ve yok olmakta. Kim bilir, belki yarın kendimizi sokakta bulacağız; cebimizde ve banka hesabımızda beş kuruşumuz olmadan.

Bu sorunlar insanı düşündürüyor. Eğer bu problemleri yaşamasaydık bu yönde düşünemezdik, çünkü hepimiz egoist bir alma arzusuyuz. Ancak bu durumla karşılaşınca "Neler oluyor?" diye kendimize sormaya başlıyoruz.

Durumu doğru bir şekilde incelediğimizde, kendimiz için yanlış sistemleri kurmuş olduğumuzu görürüz. Sonuçta, ben tabiatın bir parçasıyım ve bu durumda, sadece kendimi düşünerek, kafama göre hareket edemem; yani, realitede işleyen kuvvetleri göz önünde bulundurmadan, rastgele bir şekilde davranamam.

Gelişimimin seviyesine bağlı olarak, tabiatta daha derin ve hassas şeyler keşfederim. Önceleri benden gizli olan bu şeyler, şimdi yavaş yavaş meydana çıkmaya, ifşa olmaya başlar ve tabiatın bütün parçaları arasında olan kuvvetli ve karşılıklı bağı keşfetmeye başlarım. Tabiatın tümünde ve insanların da arasında bulunan bu bağ, tabiatın bütün seviyelerinde bulunan karşılıklı ihsan bağıdır ve sonuç olarak hepimizi etkiler.

Öyleyse; belki de tabiatta, bende ve insan toplumunda bulunan, ancak benim algılayamadığım veri, kanun ve ilişkileri göz önünde bulundurmuyor olabilir miyim? Gerçek şu ki, bunları hiçbir zaman göz önünde bulundurmadım, çünkü karşılaştığım bütün durumları aldırış etmeden, kaygısız ve ihmalci bir şekilde, sadece kendi çıkarımı düşünerek kullandım.

Bu kanunları nasıl öğrenebileceğim konusunda bir sorun mu var? Sonuçta; fizik, kimya, biyoloji, zooloji, botanik veya astronomi olsun, istediğimiz herhangi bir bilimi tabiatın mikro, makro ve tüm seviyelerinde incelediğimizde görüyoruz ki, tüm seviyeleri kapsayan tek bir kanun mevcut ve hüküm sürmektedir... Ve bu kanun, denge kanunudur.

Tabiatın tümü, denge sağlamak zorundadır ve sürekli olarak bu yönde hareket eder ve buna, Dünya gezegeni dediğimiz ufacık sistemimiz de dâhildir.

Yani, eğer barış içinde, dingin olarak ve diğer insanlar, aile vs. ile iyi bağlar içinde yaşamak istiyorsak, o zaman denge halinde bulunmamız gerekir. Formülümüz, alma ve vermeye ait olanı tüm pozitif ve negatif eylemlerimizin, biri bir diğerini geçmeyeceği şekilde denge halinde olmasıdır ki böylece her biri doyuma ulaşabilsin.

Bu durumda herkesin var olma hakkı olur; kimse bir diğerinden üstün olmaz ve hepimiz, genel olarak denge halinde olmamız gerektiğini ve bu dengeyi korumamız gerektiğinin farkında oluruz. Bu, tabiatın tüm kuvvetleri için geçerli olduğu gibi, insandaki tüm kuvvet, arzu ve düşünceler için de geçerlidir. Bu, küçük bireysel sistemler ve entegral global sistemden oluşan sistemin bütününün iyiliği için gereklidir ve tamamen sistemin tüm bileşenlerindeki içsel dengeye bağlıdır.

İster bilgisayar sistemleri, ister kibernetik, sosyoloji, psikoloji, fizyoloji veya herhangi diğer bir sistem olsun, global tabiatı ve tüm alt sistemlerinin çalışma şeklini incelediğimizde, bu içsel dengenin gerekliliğini görürüz. Hatta gelişme aşamasında olan sistemler bile sürekli olarak kendilerini dinamik biçimde dengelerler ve düzeltilmesi gereken dengesizliklere karşı hassastırlar. Bu sebepten dolayı gelişimleri ve eylemleri daima başarıyla sonuçlanır, çünkü her zaman, pozitif ve negatif kuvvetleri arasında eşitlik sağlama kanununa göre çalışırlar.

Dolayısıyla, elbette ki, bu kanunu ailede, toplumda, eğitimde ve genel olarak insan seviyesine ait olan her yerde ne kadar uyguladığımıza bakmamız gerekir.

Yeni Dünya'nın ABC'si

Bizler sıradan bir insanın ihtiyaçlarına göre, lükslerini bırakan kendisini mantıklı tüketime kısıtlayan, yeni bir dünyaya giriyoruz. Bizler, kişinin yeni bir tanesini alması için bugün kasten bu şekilde yapılmış üç – beş yıl içinde hizmet dışı kalan makineler falan üretemeyeceğiz.

Varoluşun yeni bir konumuna doğru hareket etmeliyiz. Dünya devletlerinin anlaması gereken budur. Ancak onlar kendi uluslarını nasıl sakinleştirecekler? Tüm bu faktörleri nasıl onlara izah edip eğitecekler?

İşte bu yüzden bizler eğitim kaynaklarını, herkese sunabileceğimiz açık ve mutlak net bir şekilde bir paket olarak hazırlamalıyız. Başka bir opsiyonumuz yok: yenidünyayı çalışmalıyız.

İşe gitmek zorunda olmayacaksınız. Bunun yerine okula gidiyor olacaksın, ancak öğrenmek için değil. Hayattan gerçek hazzı nasıl alacağınızı çalışacaksınız. Buna değer mi? Bir şekilde işe gitmeye devam edemeyeceksin; kimsenin sana ihtiyacı olmayacak. Büyük Buhran gelişimin bir parçasıydı, periyodik süreç içindeki bir ara düşüş, ancak şimdi tüm bunlar değişti. Bizler kaynakları tüketiyoruz. Yeni bir safhanın eşiğine gelmiş bulunmaktayız. Bunun hakkında yazılan yeteri yazı bulunmaktadır.

Dolayısıyla, işimiz insanları artık kendi neslinin sonuna geldiği konusunda bilgilendirmektir. Bundan daha başka işimiz olmayacak. Öyleyse insanlar nasıl geçimini yapacaklar? İyi, herkes için yeteri kadar sadece ihtiyacımız için çalışalım aynı zamanda yenidünyada nasıl yaşayacağımızı ve doğru bir şekilde nasıl dağıtacağımızı öğrenelim.

Herkese, insanoğlunun gelişimini ve tarihini, egoizmin kendi son safhasına yükselişini, bütünleşme safhasını ve integral sistem tarafından işleyen kanunları, integral sistemin tüm parçalarının bağlantılarını ve karşılıklı ilişkinin ve gerçek bağlantının bunun içinde nasıl açıldığını anlatmalıyız. Bu, doğa'nın bizleri yapmaya zorladığı şey için olan tek seçeneğimizdir.

Doğa'dan sadece kendi hayatlarını sürdürebilmek için yalnızca ihtiyaçlarını alan hayvanlar gibi, tüketimin dengeli bir konumuna gelmemiz beklenmektedir. Hayvanlar bunu hesap yapmadan içgüdüsel olarak yapıyorlar, oysa bizler kendimiz kısıtlayarak, öğrenim vasıtasıyla, hassas bir şekilde doğa ile ilişkimizi inşa etmek zorundayız ve basitçe, kötü eğilimimizi evcilleştirmeliyiz, çünkü başka türlü göze alamadığımız anlıyoruz.

Bununla beraber, adam dünyayı tüketmek istiyor olduğu bu durumda ona sadece yemek ve barınakla mutlu olması istenildiği zaman, egolarımızı nasıl tatmin edeceğiz? Adam der ki, ben neyim? Mağarada bir ayı mı, kafeste bir kuş mu? Elbette değil, daha önce hiç sahip olmadığın hazdan daha büyük doyum alacaksın. Bu yapılabilir. Öyleyse nasıl bunu yapacağımızı bulalım?

Haliyle, insanlara öğretmek zorundayız, onlara öncülük etmek zorundayız. Hiç kimse bunu tek taraflı yapmak istemeyecektir; herkes hemen hazzı, tatmini araştırıyor. Bu yüzden, bizler eğitim kaynaklarının paketini ve halkın eğitiminin sistemini hazırlayacağız. Bu yavaşça başlayacaktır. Hemen şimdi, bunu dünyaya açıkça anlatamayız ancak krizlere neyin sebep olduğu hakkında materyaller hazırlamanın ve bunları dağıtmanın zamanıdır. Bu durum çözüme ışık tutacaktır. Tüm bunlardan sonra yapacak bir şey yok. Öyle veya böyle yapmanız gerekeni öğreneceksiniz.

"Egomuzun gelen bu son safhasında artık kendisini nasıl dönüştürmesi gerektiği konusunda yolu açıklayan bir makalesi."

Gelecek Toplumunun Amacı

Her şey çevreye bağlıdır. Bir bütün olarak insanlığın ve özelde her kişinin ana problemi, herkesin aynı zamanda bireyselliğiyle de örtüşen bu kadar kompleks ve eş zamanlı birleşik çevrenin şekillenmesinin içinde yatar. Herkes, integral bir sistem içinde diğer insanlarla olan bağlantıda kendini azami ölçüde gerçekleştirmesi için her bireye imkan sağlayan bu çevre tarafından eğitilecektir.

Toplumun amacı herkesi birleştirmektir, öyle ki bu birleşmede her birey kendi tamamlanmış anlamını elde edebilecektir.

Herkesi Kalbinize Alın

Yapmamız gereken tek şey kalbimizde herkes için daima bir yer açmaktır. Kalbim bir et parçasıdır. Ve ben kalbimde öyle bir nokta bulmalıyım ki bunu boşluğa çevireyim ve bu noktadan bir yer oluşturabileyim. Evrenimiz bu noktadan gelişmeye başlamış gözüküyor.

Realitemizde, ne evren ne de dünyalar vardır. Tüm bunların hepsi sadece hissiyatlarınızda var olur.

Dolayısıyla, bu boşluk kalbinizin içinde yayılmaya başlarsa, arzumuzun içinde yaratılmış evrenimize benzer yeni bir dünyanın ortaya çıkışı olacaktır. İşte yapmamız gereken budur.

Herkes bu noktayı kendi içinde, kendi kalbinin içinde hissetmeye başlasın ve bu noktanın etrafında öyle bir boşluk yaratın ki herkesi içine alabilsin.

Umut, Eğitimdedir

Fikir (B. Dalinger, Profesör, Doğa Tarihi Rus Akademi Üyesi): "İnsanın misyonu doğaya adapte olmak değildir, fakat onu harekete geçirmek, oluşturmak ve değiştirmektir. Eğitimin amacı, bilgiyi, yetenekleri ve pratik becerileri transfer etmek ve öğrencilere "usta" görüşleriyle ve sosyal olarak önemli değerlerle yardım etmek değildir; fakat adamın içinde insan görünüşünü geliştirmek için koşulları yaratmaktır. Okullar, öğrencinin, elde ettiği dünyanın resminin, tüm ve anlamlı olacağını garanti etmeye ihtiyaç duyar."

Benim görüşüm: Dünyanın, eğitimin onun etrafında yarattığı ve insanoğlunun ıslahı için tek yol olduğu inancı artıyor.

Bugünün Temel Gerçeği

Basit tek bir gerçeği anlamalıyız, modern dünyadaki başarı, aramızdaki uygun ve doğru ilişkiye bağlıdır.
Bu durum bize genel kriz tarafından ifşa oldu. Kriz bize bir mesaj gönderiyor: "Yaptığın her şeyde başarı elde etmek istiyor musun? Sadece etrafına bir bak: Bu gün yapmış olduğun her şey krizin koşulundadır. Küresel ve integral bir sisteme eşitlenmediğin sürece yaptığın hiçbir şeyde başarılı olamayacağın sana net olmalıdır."

Bu uygunluk durumuna sorumluluk denir! İyi bir şeyler üretmek ve başarılı olmak senin küresel ağa olan doğru yaklaşımına bağlıdır ve bu yaklaşım sorumluluk olmaksızın mümkün değildir. Eğer bunu yapabilirsen, başarılı olursun. Eğer yapamazsan zaman kaybeder ve bu durumu kendin için sadece daha kötü yaparsın.

Başarıyı elde etmek zor değildir. Herkes karşılıklı sorumluluğun ne olduğunu hissedebilir ve herkes sıcak ve içten bir aileyi gözünde canlandırabilir.

Gizlilik Bizi İnsan Yapar

Tüm çalışma gizliliğin üzerinde gerçekleşir. Eğer her şey ifşa olmuş olsaydı, yapılacak başka ne kalırdı? Gizlilik bağımsız olmamı ve çalışmamı kurmamı ve kendimi konumlandırmamı sağlar.

Şimdilik, bir çocuk bizler kadar bilgili değil ve ne yaptığımızı anlamaz. Ancak bu bilgi eksikliği özellikle onu daha yükseğe çıkarmayı ve bizden daha zeki hale gelmesini sağlar. Bu durum çocuğa bizim bilgimizi bizden almasına yardımcı olur ve bunun yanı sıra kendisinden de bir şeyler ekler.

Eğer ki bir çocuk bizim bildiklerimizi bir defadan alsaydı büyüyemeyecekti. Dolayısıyla, bir hayvan kendi doğal içgüdüleriyle kendi doğal programında doğar ve daha fazla gelişmez.

Bizler gizlilik vasıtasıyla gelişiriz, hiçbir şeye sahip olmamamız vasıtasıyla. Aşama aşama, sayısız arınmalardan sonra kendi kişiliğimi inşa ederim: Yeni, tüm diğerlerinden farklı ve ataların ötesinde. Ve hiçbir gizlilik olmamış olsaydı, eklenecek hiçbir şey olmazdı. Gizlilik bizim tam bir yüksekliğe ve algıya yükselmemizi sağlar.

Eğer her şeyi hazır almış olsaydım, nelerin olduğunu bilmeyecektim. Ancak her detayı inşa ederek ve tüm bunlarla kendimi birleştirerek, benim kişiliğimde bir araya getiririm.

Gerileten Değil Fakat İlerleten Güçler

Soru: Her şeyi yerine getiren insanlar neden sürekli olarak geri itiliyor?

Bu harika! Ne kadar daha güçlenmesi gerektiği kendisine gösteriliyor. Bu, çocuğa nasıl yürümesi gerektiğini öğreten ebeveynler gibi. Sanki onu iter gibi, ondan gittikçe daha çok uzaklaşıyorlar!

Çocuk sanki onu desteklemek istemiyorlarmış gibi hissediyor. Bunu bu şekilde algılıyor. Onun her zaman yakınında olan bu destekleyen eller, sürekli olarak ondan uzaklaşıyor ve sanki hiç gücü yokmuş gibi onun tedirgin olmasına neden oluyor.

Onunla ne yapmak istediğimizi anlamayan bir çocuğa karşı neden böyle acımasız olabiliyoruz? Zavallı çocuk ağladığında onu tutup, kucaklamak yerine, onu yürümeye zorlayarak bize doğru gelmesi için onu kışkırtıyoruz.

Stresin Yeni Bir Türü: İşten Bıkkınlık

Görüş: Central Lancashire Üniversitesi'nde uzman psikoloji okutmanı Dr. Sandi Mann şöyle diyor: "Yapılan son araştırmalara göre iş ortamından bıkkınlık artıyor ve bu durum, üst düzey yöneticilerden tutun da en en alt seviyedeki çalışanlara kadar herkesi etkiliyor."

"...bıkkınlık, işyerinde öfkeden sonra en fazla ifade edilen duygu..." diyor Dr. Mann.

Daha da ötesi, Dr. Mann, pratik bir bakış açısıyla, eski nesiller arasında çok daha az görülen bir şekilde, yaşamlarımızdaki tüm isteklerimizi gerçekleştirmeyi istediğimizden dolayı çok azımızın bıkkınlığa katlanmak konusunda istekli olduğumuza inanıyor.

Montclair Devlet Üniversitesi ve Güney Florida Üniversitesi tarafından gerçekleştirilen "iş yerindeki davranış ve bıkkınlık arasındaki negatif korelasyon"a ait çalışmaya göre, sıkılmış çalışanların organizasyonlarına zarar verebileceklerine dair altı tür tanımlandı: Başkalarını rahatsız etmek, verimlilikte sapma (görevinde kasten başarısız olmak), sabote etme, çekilme, hırsızlık ve uygunsuz şaka yapmalar. En fazla görüleni ise çekilme olarak karşımıza çıkmaktadır.

Cambride Judge Business School Üniversitesi'nden Mark de Rond'a göre ise profesyonellerin canlarını sıkan bir sıkıntı türü daha var: O da yeteri kadar yapacakları işin olmamasından ziyade yapmaya değecek işlerinin olmadığını hissetmeleri..

Benim görüşüm: Daha da fazla büyüyen egoizmin derecesi ve bunun bir çıkmaza girmesi sonucu, bu egoizm global olarak entegre hale ulaştığında, tüm negatif etkiler ve duygular daha fazla baş gösterecektir ve egoizmin kendisini düzeltmesi dışında hiçbir psikolojik çaba işe yaramayacaktır.

Aynı Gemide Yolculuk Kolay Değil

Hepimiz aynı gemideyiz ancak henüz bunu hissedemiyoruz maalesef. Ortak kaderimize her birimizin katkı ve etkisinin farkında değiliz ve problem de tam burada. Aslında bugünün global dünyasında suçlu birinin, yanımızda ya da uzağımızda olmasının hiçbir anlamı yok. Bu integral sistemde herkes eşit konumda yani en uzağımızdaki ile yanı başımızdaki biri eşit eşdeğerde oluyor, hepimiz bir ve aynı gemideyiz.

Bizler henüz tek bir ağ oluşturduğumuzun bilincinde değiliz ancak gittikçe bu fikre yaklaşıyor ve yakında bizimle olan mesafesine göre az ya da çok bağlı olduğumuz insanların olmadığını, çünkü herkesin etkisinin üzerimizde eşit olduğunun farkındalığını edineceğiz.

"Eylemler bilinçten öncedir". Dünyamız eylemler dünyasıdır ve dolayısıyla önce bir şeyler vuku bulur ve sonra ben "eyvah" derim, bir şeyler olduktan sonra. Sonra unuturum, aynı yanlış tekrarlanır ve yine bağırırım "eyvah" diye. Bir sürü "eyvah"lardan sonra nihayet başlarım düşünmeye "tüm bunların sebebi ne, herhalde tesadüf eseri değil" diye.

İnsanlığın bu sebebi arama noktasına gelmesi ve de dünyamızın tüm insanlık için olduğu kadar, tek tek herbirimizin de dünyamız için karşılıklı bağ içinde olduğumuzu anlamamız için daha ne kadar zaman geçmesi gerekiyor acaba?

Bu şunu çağrıştırıyor: Hayatımda eşime, çocuklarıma, ebeveynime kısacası en yakınlarıma tabiyim, bağlıyım. Ancak bugün ise dünyada var olan tüm insanlara tabiyim, belki de yakınlarımdan bile daha fazla.

Birleşmek İçin Dürtü

Bugün İnsanlık birleşmeye çalışıyor. İnsanlar içgüdüsel olarak anladılar ki birlik olmak tek başına olmaktan daha iyidir. Farklı ülkeler kendilerini güçlendirecek ve daha başarılı yapacak bir birliğe girmek için anlaşmalar üstüne anlaşmalar yapmaya çalışıyorlar. Ancak bunu yapmakta başarılı oluyorlar mı? En sonunda görüyoruz ki bu durum çatışmalara ve hatta savaşlara götürüyor. Problem olduğu yerde halen duruyor: Nasıl birlik olacağımızı bilmiyoruz.

Halbuki güçlendirmek için olan dürtü insanlığa zaten uzun yıllardır doğal olarak nüfuz etmiştir. Bu, halkların ve insanların içselliğinde olan ortaklıktır: Ben kendimi korurum ve yinede bununla beraber diğerleriyle birleşmenin buna değer olduğunu görürüm. Hep beraber tekeli yaratacak ve diğer bir başkasından daha güçlü hale geleceğiz.

Bu dürtü henüz zayıflamadı ve zamanla bizlere çok büyük problemler getirecek ve öyle ki doğanın kendisi bizleri birleşmeye zorlayacak. Bize şu an ifşa olan ise tek bir, küresel, bütün bir entegre olmak için kaynaşmak, tamamen birbirini tamamlamak, mükemmel, bütün ve tüm parçalarının birbirine bağlı olduğu "yuvarlak dünyayı" kabul etmek zorunda olduğumuzdur.

Eğer doğa bu yolla meydan okumayı devreye koyarsa o zaman bizler şimdi insan toplumunu nasıl inşa etmeliyiz? Tüm bunlardan sonra, egoizm problemi sadece insan toplumu içinde yoğunlaşır. Egoizmin birliğe karşı çalıştığı tek yer budur. Sonuç olarak, birleşmeye kabiliyetimizin olmadığını keşfederiz.

Neden birbirimizden farklı ve benzemeyen bir şekilde yaratılarak, bu engeli önümüze konuldu? Eğer bizler aynı olsaydık, bu durumda herşey net olacaktı. Her kişi belli bir miktar verir ve belli bir miktar alır ve sorun çözülmüş olurdu.

Ancak bizler farklıyız ve bu yüzden hiçbir bireysel çıkara bağlanmaksızın egoizmin üzerine yükselmeli ve ihsan etmek niyetini etkin hale getirmeliyiz. Sadece bu koşulda insan diğerleriyle tamamiyle bağ kurabilecektir. O zaman kişi ihsan etmek için ihsan etmeye ulaşacaktır ve daha sonra – ihsan etmek için almak. Herkes yalnızca bu yolda yer alırsa aramızdaki mükemmel birlik su yüzüne çıkacaktır.

İşte bu yüzden bizler aynı yaratılmadık: Çünkü aksi halde bizler problemi materyal, hayvansal seviyede çözecek ve bir karınca yuvasındaki karıncalara benzer eşitliğe gelecektik.

Farklılığın Koruyucu Duvarını Kırmak

Manevi kabımızın kapasitesi eksik çünkü bizler bu iki zıt durumdan korkuyoruz: nefret ve sevgi. Nefretten kaçınıyoruz ve onu hissetmek istemiyoruz. Bedenimizin savunma mekanizması bizim gerçek nefrete gelmemize müsaade etmiyor.

Ve genel anlamda, nefretten korkuyoruz. Daha doğrusu, dost sevgisine ihtiyacımızın olduğu yazılır ancak bizler buna rağmen bundan hemen nefret ettiğimizi keşfederiz. Hatta bunun hakkında düşünmek bile istemeyiz! Bu yüzden içimizde yükselen bu soruları bloke ederiz.

Ve sevgi, ne diye buna ihtiyacım var ki? Onları sevmek ihtiyacını hissetmiyorum. Bunsuz yol alabilirim. Bu iki uç duyguya ulaşmaya kendimi bırakmıyorum. Ve bunu ulaşmak sadece birçok çaba sarf etmekle mümkündür.

Eğer ben bir çocuğa yatırım yapmazsam, o kendi başına sokakta yetişecektir ve ben kendi kendime düşünürüm: "İyi, ne olacaksa olsun" Ve o zaman daha sonra onu hapise attıklarında, bu defa kendi kendime söylenirim: "İyi, yapacak bir şey var mı?" diye.

Ancak eğer ben ona yatırımda bulunursam, gün be gün, önüne talepleri yerleştirerek ve ona olan her şey hakkında kalbimin en derin yerinden onun için endişe edersem, o zaman ben hem sevgi hem de nefretle dolarım. Bu her iki nitelik benim içimde büyük endişeler için bir kapasite yaratır. Her şey benim yaptığım yatırıma bağlıdır.

Suç Tanrıları

İnsanlar eksik olan tek şeyin, beraberce dünyanın ıslah edilmesi ve birliği olduğunu anlayıncaya kadar bu konuya odaklanmamız gerekiyor. Her insan birşey ister. Ne istedikleri pek önemli değil her isteği karşılamak, tatmin etmek mümkün değildir. Birinin üzerine diğeri yığılarak zorlar ve başkalarının pahasına keyif sürmemizi sağlar. Şu şekilde herşey düzenlenir: Bizler bencilce sadece ufak bir parçayı elde ederiz, yaptığımız kalan herşey başkaları pahasınadır.

Şöyle ya da böyle, kişi bedeni için gereken yiyeceğin dışındaki herşeyi başkalarından alır. Bu, kısıtlama olmaksızın herkes için geçerlidir. Benim atmış olduğum ekmek parçası, bozulmuş bir domates, birinin eksiğidir, birinin ona ihtiyacı vardır. Tanımını yaparsak, bencil olan kimse başkalarından çalarak yaşar.

İşte bu sebeple, dünyamızda kimse mutlu ve tatminkâr olamaz. Sistem bütünseldir ve bu nedenle, kendim için birşey aldığımda, otomatikman başkalarından çalmış olurum.

Eğer ben herkese ihsan edersem, bolluk da benim içimden geçer. Bu metodu "sindirmemiz" zordur fakat çok basit bir metottur. Gerçekte herşey bu sebepten dolayı vardır. Aynı zamanda bencilliğimize bağlı olarak varolan tek şey kalbimizde ve aklımızda akıp gidendir.

Bu sebepten dolayı bizlerin sadece bir çözümü bulunmaktadır: Birlik olabilmemiz için kendimiz ile ilgilenmek. Kalplerimizi en azından birkaç milimetre yaklaştırabilirsek, dünyamız hemen bir rahatlama yaşayacak. O zaman haydi yapalım.

Herşey kişinin içinde ne olduğuna bağlıdır. Bu onun hakikati algılamasını ve hakiki gerçeği de belirlemesini sağlar.

Avrupa: Entegrasyona Doğru

Düşünce: (Almanya Başbakanı Angela Merkel): "Merkel egemen borç krizini bitirmek için Avrupa Birliği bünyesinde bir araç olarak yeni politik entegrasyonu yardıma çağırdı. "Neslimizin şimdiki görevi, Avrupa'da ekonomik ve para birimi birleşmesini tamamlamak ve adım adım, politik bir birleşmeyi yaratmaktır." Merkel, bir saatlik konuşmasında 1000'den fazla Hıristiyan Demokratik Parti delegesine. "Yeni bir Avrupa için devrim zamanıdır." dedi.

Yorumum: En azından kısmi bir entegrasyona giderlerse, kazanacaklar ve sonrasında entegrasyonun tamamlanması gerektiğinin farkına varacaklar.

Fırfırsız Yaşam

Soru: "Diğerleri ile bağ içerisinde olmaktan hoşnut olmak" ne anlamına gelmektedir? Bunu nasıl açıklayabiliriz?

Cevap: Bunu açıklayabilmek imkansız çünkü bunu dünyamızda hissetmiyoruz. Diğerleri ile bağ içerisinde olmaktan hoşnut olmak demek, aramızda varolan kuvvetin ortaya çıkarılması anlamına gelmektedir.

Halen bu bağ aramızda bencilce bir şekilde bulunur yani bunun zıttındadır; şimdi ben diğerlerinden daha yüce olmaktan hoşnut olurum, diğerlerinden daha iyi olmaktan, onların gözünde olumlu durmaktan, onların saygılarını hissetmekten vs. Bunun için bütün yaşamım boyunca çalışırım. Hayvansal varoluşumun karşılanması için gereken şeyler dışında; yaptığım herşeyin amacı diğer insanların gözü önünde muhteşem görünmek ve onların saygısı ve hürmetini kazanmak ile ilgilidir.

Eğer bu bana baskı yapan bencilliğimin gerekliliği olmasaydı, bir çift pijama alıp tüm yaşamım boyunca giyerdim ki, nitekim bu en rahatıdır. Tüm yaşamım boyunca terliklerimi giyer ve yaşamımı en rahat şekilde, komşularımın ne düşüneceğine önem vermeden yaşardım. Başka ekstra şeyler ile ilgilenmezdim çünkü herhangi bir tutum ve değerler yüzünden yani dış fiziksel dünyadaki mücevher, saç stili, araba vs. gibi şeylerden kendime fayda sağlamazdım. Bedensel ihtiyaçlarımın dışında pek başka ihtiyaçlarım olmazdı.

Eğer manevi ihtiyaçlarımızı sadece hayvansal ve fiziksel ihtiyaçlarımız için gerekenler ile birlikte geliştirebilirsek, bizler hemen çabucak gelişimimizin ifşası ile bir sonraki basamağına yani bir sonraki seviyemize ulaşırız.

Sıfırdan Sonsuzluğa

Soru: Her pratik çalışmada belli başlı safhalar vardır: Başlangıç, ortası ve bir son. Birlik sürecinin safhaları nelerdir? İnsanları nereye doğru götürmeliyiz?

Cevap: Birliktelik nerdeyse sonsuzluk'tur. Bir integrali nasıl hesaplamanız gerektiğini bilirsiniz: Sıfırdan sonsuzluğa. Yani her seferinde puzzle'ı biraraya koymaya çalıştığınızda, soruları düzenlemek için ve bu sorulara çözümler ve yanıtlar bulmak için, neler olup bittiğinin daha derin bir katmanın anında keşfedersiniz. Doğa, kendi derinliğinde sonsuzdur ancak biz sadece ilk katmanını kaldırırız ve sonrasında ikincisini v.b. Ve her seferinde daha derin ve derin bir şekilde ifşa olurlar.

Görürüz ki, önceki katmanlarda iyi ve sistematik olarak ve en önemlisi dönemsel olarak ne çalıştıysa (bir dönem, tekrar, net ya da statik olsun, bu bilimsel tabanlı her sürecin ve her planın sonucudur) o zaman daha derin katmanlarda, nitelikleri, kanunları, geçmiş modelleri keşfederiz, bir bütün olarak artık işlemez, fakat işleyen başka bir şey vardır. Eğer bir önceki modele geri dönersek, bunun orada çalıştığını görürüz fakat daha derin bir seviyede bu çalışmaz çünkü, orada giriş ve çıkış arasında tamamen yeni ilişkiler doğar. Bu gerçekten insan bilincinin psikolojisinin derinliğindeki müthiş bir keşiftir.

Tüm Farklılıkların Üzerindeki Bağ

Soru: Yuvarlak masa tartışmalarına katıldığımızda, bunun tüm farklılıkların üzerinde bir bağlantıya ulaşmaya değer olduğunu nasıl açıklayabiliriz?

Cevap: İnsanlar tartışmayı genellikle severler; fakat ben onlara argümanlar yerine bağın, her şeyin üzerinde olduğunu ifade etmek istiyorum. Artık tartışmayı bir kenara bırakalım; onun içine dalmayalım ama onun üzerinde yükselelim. Açık konuşmak gerekirse, eğer bağ kurarsak, her şeyi düzelten sonsun sevgiyi üzerimize çekeriz. Ama tüm varoluşun bu olduğunu bile daha bilmeyen birine bunu nasıl açıklarım?

Bunun izahı çok basittir. Dünyada mutlak bolluk bulunmaktadır. İnsanların bir bağ içinde olmadığı ve bu şekilde devam edemeyeceği gerçeği olan sorun dışında başka bir sorun yoktur. Onlar aralarında olması gereken zenginlik ve bolluğu bölemezler; aksi olduğunda, böylelikle herkesin arasında öyle büyük bir sürtünme olur ki tüm dünya bunun acısını çeker.

Bizler sadece insan egosundan dolayı acı çekeriz. Ama bağ kurduğumuz zaman her şeyi düzelteceğimiz yolu aniden keşfedeceğiz; öyle ki herkes, herkesle birlikte ve eşit olarak verdiği kadar almaya layık olacaktır. Bu nedenledir ki bağ, tüm problemlerin çözümüdür.

Bir taraftan doğadan tüm bolluğu alıyorsak ve diğer taraftan dünya hala daha böyle kötü ve acı dolu bir yerse, bunun nedeni insanın bunu düzeltememesidir. Bağ kurduklarında gerçek refaha ulaşacaklardır.

CNN Şili Kanalındaki Söyleşi

Gazeteci : Merhaba Şili. Profesör Michael Laitman, UNESCO eğitim danışmanı. Dr. Laitman dünya içinde şimdilerde karşılaştığımız sorunları aşmamız konusunda bağ ve ahenk konularını bir metot olarak işleyen akademik bir sistemi destekliyor.

Kendisi ziyareti esnasında konferansta konuştu "2012, Bizler nereye gidiyoruz?", bütünsel bir toplum oluşturabilmek için insanlar arasında olması gereken düzgün ilişkilerin nasıl kurulacağı konusunu ele aldı. Bunu ve diğer konuları araştırabilmek için, CNN Şili, Dr. Laitman ile sohbet edecektir.

Dr. Laitman, bizlerle bu akşam bir arada olduğunuz için teşekkürler. Öncelikle, size Başkanımız Sebastian Piñera'nın verdiği eğitim ile ilgili ve vergi reformları hakkındaki önemli bilgiyi size aktarmak isterim. Bu reformların %100'ü eğitimi düzeltmek yönündedir. Başkan, gelişmemizde eğitimin önemi ve bunun etkisi ile ekonomide ve ekonomi bilgisinde iyi bir seviyeye ulaşmamız konusunda konuştu. Sizce Şili bu görüşü gerçekleştirmesi için hangi adımları atmalı, kendisini nasıl dönüştürmelidir ki barındırdığı yetenekleri ile bilgi toplumu arasına dahil olsun ?

Profesör Laitman: Açıkçası, Şili'nin gelişimi ve eğitimsel seviyeler arasında doğrusal bir bağlantı vardır ve bu nedenle olağan eğitimsel sistemin içinden eğitimsel gelişimin ayrı tutulması gerekir. Bu paralel sistem ulaşılabilinmesi için herkese açık olmalıdır. Yurttaşların toplum ile bağının nasıl olması gerektiğini ve onların diğer insanlar ile ahenk içinde nasıl ilişkide bulunabileceklerini göstermelidir. Böyle bir sisteme ihtiyaç duymamız fevkalade bir gereksinimdir ve bizim organizasyonumuzun da sebebi budur: Yeni bir insan ortaya çıkarmak, toplumun içinde yer alan ve çevresi ile ilişkilerine hakim bir insan, global değişiklere karşı nasıl davranmasını bilen bir insan; birbirimiz ile bağ içinde olduğumuzu bilen yani yalnızca kendileri ile ilgilenmeyen insanlar ortaya çıkarmak. Kimse ülkenin diğer tarafındaki insanlarla veya dünyanın diğer tarafındakileri ile ilgilenmez fakat bu da insan olmanın bir parçasıdır.

Gazeteci: Profesör, yani bu sistemde önemli olan, demek istediğiniz, bu eğitim toplumun tüm seviyesindeki insanlar için herkese açık mı olmalı yoksa sadece belli bir grup için mi?

Profesör Laitman: Bizler en temel seviyede başlayacağız, 3 yaşındakiler ile diyebiliriz. Daha sonra bunu takip eden seviyelere üniversitelere ulaşıncaya kadar devam edeceğiz. Açıkça temel ve oradan itibaren bunun devamı olarak başlayarak sıkı kurumlar ortaya çıkarmalıyız. Eğer bir ülke bunu idare edebilirse bu en çok hemfikir olunacak bir şey olur. Herkese açık olan eğitim yani 3 yaşından başlayıp üniversiteye gelene kadar olan eğitimi bir ülkenin üstesinden gelebilmesi gerçekten zordur.

Gazeteci: O zaman başkan Piñera'nın bahsettiği, sosyal eşitliğin okul öncesi eğitimde, çocuklar çok küçük olduğu zaman bir hedef ile başlangıçta ekilmesi hususunda aynı fikirde misiniz?

Profesör Laitman: Evet, katılıyorum, herşey eğitime bağlıdır. Bizler kişiyi iyi olması için eğiteceğiz, toplum ile doğru şekilde bağ içinde olmasını global krize göre ve onun gördüğümüz gelişim yolu şeklinde ve evet, bu eğitim ile çocuklarımıza diğerleriyle beraberce ahenk içinde yaşamayı öğreteceğiz. Bunun da üzerine bizler bir meslek, bir kapasite sağlayacağız toplum içine sunulan mükemmel bir dünya yurttaşı olacaktır. Bu istenen birşey ve eğitim sistemini geliştirmeliyiz çünkü ardından da tüm dünya sorunlarını çözebiliriz.

Gazeteci: Bu düşüncelerimiz ile devam edersek, Başkan Sebastian Piñera bugün bir vergi reformunu duyurdu. Halka açık bildiriminde bizlerin vergilerinde indirim olacağını, yaklaşık %50 civarında indirim diyebiliriz bu da zaten düzgün eğitimin genellikle finansmanının zor olduğu orta halli geçinen aileler için olacak. Sizce vergi indirimleri doğru bir yöne doğru ilerleme midir yoksa daha fazla imtiyazlara gereksinimimiz var mıdır?

Profesör Laitman: Sizler böyle şeyler yapan bir ülke için şükretmelisiniz. Bu şekilde gelişip, ilerleyip insanların iyiliği için doğru adımları takip etmeliyiz. Bu gerçekten çok iyi!

Gazeteci: Profesör, geçmiş makalelerinizde sık sık bahsettiğiniz önemli bir konu, sosyal hareketlerde büyüme hakkında ve onların dünyadaki önemi- örneğin- bugün duyurulan vergi reformu bile geçen sene belirginleşen öğrencilerin baskısı sonucu ortaya çıkmıştır. Burada ve dünyanın her yerinde gerçekleşen sosyal hareketleri nasıl değerlendiriyorsunuz?

Profesör Laitman: Tabii ki bu insanlar için büyük bir ayrıcalık yani bu zamanda sokaklara çıkabilmeleri ve hükümetlerinden değişiklik talep etmeleri! Olan budur ve bizi bu korkutur, hükümet ise gerçekte ne olduğu hakkında geribildirim alır. Bu insanlar ve hükümet arasında bir diyalog meydana getirir. Bizler şimdi burada bunun olduğunu görüyoruz ve gelinebilmesi kolay bir nokta değil. Bizler bunun boş yere olmadığını görüyoruz çünkü yapılan değişiklikler var ve bu da istenilendir.

Açıkçası bu diyalog derin, sanki özel yuvarlak masa gibi önemli şeylerin kararının alındığı ve bizler iyi bir yolda ilerleme sağlıyoruz. Ben sadece eğitim hakkında konuşmuyorum. Ben baş netice konusunda konuşmak istiyorum yani bizler sadece bir meslek sağlamıyoruz fakat insan olacak bir çocuk geliştiriyoruz. Bizler, bunun, kişinin hem ülkesine hem de tüm dünyadaki insanlar için ne kadar faydalı olacağını göstereceğiz. Bu en önemli olan şey, bütünsel bir alanda hissedilebilir yaşam duygusunu tamamıyla birbirine bağımlı ve bağ içinde yapabilmek. Önemli olan budur. Bu, insanlara sağlıklı bir aile ile gerçekten sağlıklı bir yaşam sürme fırsatını sağlar. Psikoloji sayesinde nasıl herkesin arkadaşı olabileceğimizi öğrenmemiz gerekir; farklılıklara nasıl yaklaşmamız gerektiğini ve kendimizi toplum ile nasıl bütünleştireceğimizi öğrenmeliyiz. Bu çok önemlidir.

Gazeteci: Ve bu sistemin içinde bütünsel gelişimi tüm alanlar içinde desteklemeyi tasarlıyor musunuz-bu demektir ki, yalnızca okul ve üniversitede değil fakat teknik eğitimde de mi? Bu eğitimsel planda toplumun tüm hallerini dahil ediyor musunuz?

Profesör Laitman: Evet, bizlerin herhangi bir yerde öğretilen tüm meslekleri dahil etmesi lazımdır. Bizler küçük yaşlarda takviyede bulunmalıyız ve çocukların farklı düşünmelerinin gerekliliğini anlamalarını sağlamalıyız, nefret ve çekişme üzerinde yükselip tüm bunların üzerinde sevgiyi inşa edebilmelerini sağlamalıyız. Bizler tüm farklılıkların üzerinde birleşip bağ kurarız ve çekişmelerle farklılıklarla dost olabileceğimizi anlamalıyız; yani bu ikilemde bile bizler birliği bulabiliriz.

Gazeteci: Daha önce bizler sosyal hareketler hakkında konuşmuştuk. Öğrencilere, Şili liderlerine, ulusal bildiriler ve hareketlerde seslerini yükseltmiş liderlerine, masaya mesajlar getiren ve uluslararası seviyede isminden bahsedilenlere ne gibi mesaj gönderebilirsiniz, sizin dediğiniz gibi, bu dünyada, bizim global alanımızda, daha fazla bağ kurmak mı?

Profesör Laitman: Beni iyi anlamanızı istiyorum. Bana kalırsa bu tarz yollar pek işe yaramaz, baskı yolu ile yapılanlar uzun zamanda iyi neticelere ulaşmaz. Bizlerin oturup tartışması gerekir. Her insanın gayesi hakkında konuşmalıyız, ne yapılabilir ve nasıl yapılabilir. Her kişi masasını tartışmaya açmalıdır çünkü hepimizin insan kaynakları konusunda sınırlamaları vardır. Bizler herkesin başarmak istediğini yapmaya müsait değiliz. Bu nedenle sokaklara çıkma konusunun tümü iyi fakat tüm niyet ve gayeler için oturup tartışılması lazım ve nelerin yola koyulabileceği de görülür. Ben tüm bu tartışmalar içinde birçok başka organizasyonlar içindeyim ve bu baskının önemli bir nokta olduğu konusu doğru fakat toplumun iyiliği için kolay ve sıcak olan tartışmalarımız olsun. Umut ederim ki bunu Şili başarır.

Gazeteci: Profesör, çok teşekkürler! Son sorumuz internet sosyal paylaşımda yaşanan patlamalar, twitter, facebook vs. ve dediğiniz gibi sadece finansal değil sosyal bir birlik de oluşuyor. Buna nasıl bakıyorsunuz?

Profesör Laitman: Son senelerde bu yöne doğru geliştik fakat bizler birbirimizden daha da fazla ayrıldık. Günümüzde cep telefonları bizleri birleştirmek yerine ayırıyor. Twitter ve Facebook gibi şeyler birine fiziksel olarak yaklaşıp ulaşmak yerine, birine anında mesaj göndermemizi kolaylaştırıyor. Bu tarz bir bağ doğru olanı değildir. Zannedersem ki bu değişecektir. Bizlerin sanal ilişkiler ve fiziksel ilişkiler arasında dengesi olmalıdır. Birkaç sene bekleyelim ve denge kendini ortaya çıkarır eminim, şu anda birçok şey dengesini kaybetmiş durumda, bu da tüm yeniliklerde olduğu gibi fakat yavaş yavaş değişecek ve bizler kendimizi dengede hissettiğimiz noktaya erişeceğiz, bilgisayarların ve cep telefonlarının arkasında saklanmayacağız.

Gazeteci: Doğru, bu önemlidir, Profesör. İşte bu sebepten dolayı bizler birbirimizin karşısında böyle önemli konuları, ulusal ve uluslararası seviyede eğitim gibi konuları konuşuyoruz. CNN Şili adına bize ayırdığınız zamanınız için teşekkür ederiz.

MICHAEL LAITMAN, PH. D.
ANATOLY ULIANOV, PH. D.

BÜTÜNSEL
TOPLUMUN
PSİKOLOJİSİ

YENİ EKONOMİNİN FAYDALARI:

KÜRESEL EKONOMİK KRİZLERİN ORTAK SORUMLULUK YOLUYLA ÇÖZÜMLENMESİ

www.ingramcontent.com/pod-product-compliance
Lightning Source LLC
Chambersburg PA
CBHW071454080526
44587CB00014B/2107